朝日新書
Asahi Shinsho 643

児童虐待から考える

社会は家族に何を強いてきたか

杉山　春

朝日新聞出版

児童虐待から考える

社会は家族に何を強いてきたか

目次

第1章　ルポ　厚木男児遺体放置事件

1　作られた「残酷な父親」像　12

発覚　12

誰も気付かなかった父子の極限の生活　14

繰り返し失われた救出機会　16

殺意はあったのか？——遺体が示した「事実」　19

二転三転する証言　21

抜け落ちた幼い時の記憶　24

知的なハンディキャップを抱えて　26

異例の懲役19年判決——認定された殺意　29

暗闇の中の子育て　31

誰かを断罪すれば解決できるのか　35

破棄された一審判決　37

育てる力が乏しい親、それを支えない社会　40

2　助けを求めることを知らない親たち　42

父親がもっていた4つのハンディキャップ　42
弱者が強いられる不利な選択　46
育たなかった自尊感情　48
精神疾患がある母親に育てられた過去　50
子ども時代の記憶がなければ子育てモデルももてない　52
現実に向き合えない家族　54
シングルファザーたちの孤立　57
実家に頼れなかった若い夫婦　59
破綻した夫婦　62
父親は「残忍」だったのか？　64
この家族が抱えていた見えにくいハンディキャップ　66

第2章　「近代家族」という呪縛
——二つの虐待事件を追って

親としての過剰な「生真面目さ」　70
孤立無援の中、怒りをぶつける先は娘しかいない　72

虐待をする母親の病理　74
国家と個人　76
完璧な母であれ　79
受け入れたくない現実から目をそらす　82
社会に不信感を抱きつつ、その規範に過剰に従う　85
近代家族の誕生と現代社会の病　87
母としての役割　90
家族規範から降りた母　91
マイナス評価も受け入れられる自尊心　93
現実から目をそらさずに未来を作り出す　95
家族を「所有」せず、自分自身を大切にする　97

第3章　国家と家族のあいだで
——「満州女塾」再考

家族は国家のために　102
弱さをもつ者を育てるということ　104

大陸の花嫁 106
「一滴の混血も許されない」 108
棄てられた開拓団 111
命と引き換えの性 113
「嫁」となることで生き延びる 116
子どもの死を願う 118
引き揚げ命令 121
国による極秘の堕胎手術 123
夫との再会 126
幸子さんの戦後 128
性がむき出しになるとき子殺しが起きる 130

第4章 社会につながれない「ニューカマー」たち
――川崎中1殺害事件の深層にあるもの

とうとう起きてしまった 134
川崎区の「ニューカマー」フィリピン人女性たち 136

あるフィリピン女性の告白 138
自分を語る言葉を持てない子どもたち 141
日本で暮らす外国人の在留資格 144
居場所を見出せないことへの憎悪 146

第5章 育児は母親だけの義務か？——母性から降りる、共同体で支援する

事件現場に訪れる若い女性たち 150
母親とのカプセルの中で子どもが窒息する 152
10年間で大きく動いた若年困難家庭の状況 154
あるシングルマザー 164
2つの虐待死事件に押し出されて 166
繰り返される暴力 169
行政への不信 171
支援が生まれた場所 173

付録　誤解される「子どもの精神障害」
――児童精神科医・滝川一廣さんとの対話
診断とはそもそも何か？　179
子どもには「ばらつき」がある　181
人の孤立が進んでいる　183
虐待を防ぐには孤独に育つ子どもを減らすことが重要　185
終章　家族はどこへ向かうのか
――虐待予防の現在、そして新しい家族の形のために
進む虐待対策　190
適切な大人が関わることで状況は改善される　192
見えてきた新しい社会的養護のあり方　195
すべての年齢段階で最善の利益を受けられるように　198
子どもたちと向き合ってきた人たちの知恵　200
後ろからついていく支援　204

新しい子育てを社会として作る　207
家庭に介入する国家　208
穏やかな表情　210

初出　215

第1章

ルポ　厚木男児遺体放置事件

1　作られた「残酷な父親」像

発覚

２０１４年5月30日、神奈川県厚木市内のアパートの一室で、白骨化した子どもの遺体がゴミに埋もれた部屋の布団の上で発見された。高橋優紀君（仮名）。5歳で亡くなったと見られ、生きていれば中学1年生だった。職場を訪ねてきた警察官と一緒に現場に来て、部屋の鍵を開けた父親の高橋健一（仮名、37歳＝当時）は、その場に立ち尽くし、地面にぼとぼとと汗を滴らせていたという。翌31日、神奈川県警捜査1課と厚木署は、保護責任者遺棄致死の疑いで、健一を逮捕した。

健一は当時トラック運転手だった。一人息子の優紀君が3歳のときに妻が家を出て行ってからは、自分や妻の実家にも勤務先の会社にも、一人で子育てをしているとは伝えなかった。ガス、電気、水道が止まった部屋で、雨戸を閉めきり、6畳間の外とつながる掃き出し口と、出入り口のふすまをガムテープで止め、優紀君が外に出て行かないように閉じ込めていた。

健一は発覚するまで7年以上、ずっと月額約6万円の家賃を払い続けていた。その総額は、500万円以上に上った。

優紀君の発見に大きな影響を与えたのが、その1年前の2013年4月に同じ神奈川県下の横浜市で起きた、6歳女児虐待死事件だった。母親とその内縁の夫から暴行を受けて死亡したこの女児は、学齢に達した後も小学校に入学していなかった。住民登録のあった秦野市の届け出により捜査が始まり、事件が発覚した。

この事件をきっかけの一つとして、「居所不明児童」への関心が全国的に高まった。彼らの多くは、DV被害を受けた母親と共に避難している場合を別にすれば、虐待を受けている可能性が疑われた。厚生労働省は2014年4月から、居住実態が把握できない児童の所在の把握及び安全の確認に関する市町村の取組状況等についての調査を開始。とくに女児虐待死事件が起きた神奈川県では、県内の居所不明児童の一斉点検が行われ、厚木児童相談所が警察署に優紀君が所在不明だと届け出て、事件の発覚につながった。

発覚直後から、メディアはこの事件を大きく報じた。朝日新聞2014年6月18日付には、「優紀君は自力で立ち上がれず、パンの袋も開けられなくなっていた。『パパ』。消え入りそうな声を絞り出すのがやっとで、怖くなって逃げ出す高橋容疑者に追いすがることもできなかったという」とある。毎日新聞2014年6月16日付は「母親が家を出た後、父親も交際相手ができ、（優紀君は）一人取り残された。電気を止められた部屋で、優紀君は父親が時折持ってくるパンの袋を開ける力もなくなっていた」。読売新聞2014年6月14日付は「父親は玄関を施錠して週1、2回しか帰宅せず（略）『パパー、どこー』。優紀君も密室から何度叫んだことだろう」と伝えている。

これらのセンセーショナルな報道は、警察発表を元にしたものだったが、「残酷な父親」のイメージが社会に広がった。

7月7日、横浜地検は健一を、優紀君の死亡後に勤務先から家族手当をだまし取ったとする詐欺罪で起訴。そして翌8日には、「殺意の立証は可能と判断した」として健一を殺人罪で追起訴した。

誰も気付かなかった父子の極限の生活

母親が家を出てから優紀君が亡くなるまでの2年間、優紀君の姿は父親の健一以外、誰の目にも留まらず、危機感を抱く者は一人としていなかった。

この間健一は、暗闇に閉ざされたアパートの一室で、優紀君と一緒に暮らした。食事はコンビニで買うおにぎりとパン、500㎖のペットボトル飲料。それを出勤の日は1日2回、休みの日は3回与え、その傍らで自分も食事をし、酒を飲んだ。

優紀君と一緒に紙をちぎって、ひらひら舞い落ちる感覚を楽しんで遊んだ形跡も残っていた。そこは確かに父子の生活の場だった。

父子が生活した2年間、子どもの声を聞いたという証言はない。それどころか優紀君の死後7年もの間、事件は発覚しなかった。なぜ、そのようなことが起きえたのか。

当時から近所に住んでいた女性に話を聞くことができたが、彼女は次のように語った。

「雨戸が閉まりっぱなしの家から、時折カタカタという音はして、小動物を飼っているのかと思っていた。だが、子どもの声や泣き声はしなかった」

少し離れた家の住人も、ここに幼い子どもが住んでいたとは知らなかったと言った。

「お腹を空かせていたなら、ご飯を食べさせてあげたのに」と優紀君の死を悼んでいた。

優紀君は一度だけ、公的機関につながった。3歳だった2004年10月上旬、早朝4時半に家の近くを、裸足で震えながら一人で歩いている優紀君を見つけた通行人が110番通報し、警察経由で児童相談所に保護された。この時優紀君は、半袖のTシャツに紙おむつ姿で、「衣類、耳の後ろと耳の穴が汚れていて、爪が伸びており、『ママ』以外に理解できる言葉はなかった」と、児童相談所の記録に残されている。

母親の愛子（仮名）が引き取りに来たのは翌日だった。友人が自殺未遂をしたので、東京に行っていたと語った。児童相談所は、母子関係が良好であること、1歳6カ月までの健診の受診記録があること、母親が反省しており児童相談所による家庭訪問を受け入れたことなどを理由に、「虐待」ではなく「迷子」としてこの件を処理し、優紀君を返した。

優紀君を連れ帰った愛子は、その日のうちに健一に優紀君を引き渡すと、買い物に行くと言って家を出て、そのまま戻らなかった。

繰り返し失われた救出機会

その後、児童相談所の担当者による家庭訪問は行われなかった。裁判に出廷した担当者は、担当ケース数が多く、優紀君は虐待ではなく迷子という認識だったため、他の緊急ケースに追われたと証言した。

虐待であれば、児童虐待防止法を受けて、児童相談所は優紀君の安否を確認するため、家庭に踏み込むことができる。そうしていれば、優紀君の命を救うことができていたかもしれなかった。虐待ではなく迷子とした児童相談所の判断は正しかったのか。

事件後に立ち上がった検証委員会による報告書では、このことについて、残されている記録の情報量が少ないため「統一した評価を出すことができなかった」としている。

ただ、虐待として扱うべきだったとする専門家は少なくない。例えば、元横浜市立大学医学部医学科法医学助教で、現・日本体育大学スポーツ文化学部の南部さおり准教授は次のように言う。

「当時でも、少しでも虐待が疑われれば『虐待』として受理していた児童相談所もありました。本件ではDVの訴えがあり、不潔で3歳でまだおむつをしており、自分の名前も言えない。母親が長時間帰宅をしていないなど、明らかにネグレクトが認められる。適切な査定のためにも、早急に家庭訪問をするべきでした。そうすれば少なくとも電気メーターが止まっていたことに気付いたのではないでしょうか」

さらにその1カ月後、厚木市が行った3歳6カ月健診を優紀君は受診しなかった。しかしこの未受診の情報は、県の機関である児童相談所に共有されることはなかった。

約1年後の2005年10月には、児童手当の受給要件が消滅した。県(児童相談所)と市に連携があれば、それぞれの機会に優紀君の救命の可能性はあったのだ。しかし、危機を察知する人はおらず、優紀君を救い出す機会は失われてしまった。

2006年6月には、虐待を受けているなど助けが必要な子どもたちの早期発見や適切な保護を図るために、関係機関で情報共有、連携を行う「要保護児童対策地域協議会」が厚木市に設置された。この時点でも優紀君は生存しているが、虐待と区分されていなかったことで、対象とはならなかった。

最初に「虐待」と分けなかったため、繰り返し父子は社会につながらなかったのだ。

さらに、2008年4月以降、学齢に達しても小学校に入学しなかったことで、児童相談所と教育委員会が優紀君の居場所を探すなど、遺体発見のチャンスは訪れていた。

12月には児童相談所が小学校を訪問して、優紀君が不就学であることを確認し、さらに健一宅への家庭訪問を行い、居住実態はないと判断する。不動産業者への調査によって家賃の支払いが継続されていることに、担当者は「不気味さ」を感じ取る。しかし、不動産業者は健一の勤務先等について、個人情報であるとの理由で情報を開示せず、また担当者にも事件性があるとまでは想定できなかったので、それ以上踏み込むことはなかった（以上の経過は神奈川県児童虐待による死亡事例等調査検証委員会が2014年8月に公表した「児童虐待による死亡事例調査検証報告書」に基づく）。

結局、事件が発覚したのは2014年4月、児童相談所の担当者が変わり、種別を「養護」から「虐待」に切り替えてからだった。

死後、早くに見つかっていれば死因も明確になった。餓死か、病死か、凍死か──。

殺意はあったのか?──遺体が示した「事実」

2015年9月から10月にかけて、横浜地方裁判所にて裁判員裁判が開かれた。私はほぼすべてを傍聴した。

法廷に現れた健一は、頭を短く刈り、痩せた体がサイズの合わなくなった背広の中で泳いでいるようだった。彼は被告席に足を投げ出すような座り方をして、幼いようにも、横柄なようにも見えた。

裁判の冒頭、健一は「私は殺していません」と殺人罪を否認。石田智嗣弁護士を主任弁護人とする弁護側も、食事を与えなかった時期や死因が不明だとして公訴棄却を求め、仮に罪が成立するとしても、死ぬまでとは思っていなかったと殺意を否定し、保護責任者遺棄致死にとどまると主張した。

起訴状によれば、優紀君は2007年1月中旬に栄養失調で死亡したとされた。現場に残されていた未開封のコロッケパンの消費期限が、その根拠となった。そこから事件発覚までの7年4カ月という時間が、真相解明の前には立ちはだかっていた。母親が家を出てから優紀君が亡くなるまでの2年間、この家で過ごす父子の姿を見た人は誰もいない。後で詳しく述べるように健一の記憶は曖昧で、優紀君の遺体が最も大きな証拠だった。

裁判員裁判では、一般市民から選ばれた裁判員に、わかりやすく事件の構図が示される必要がある。一審の法廷では、検察は社会に広がった「残酷な父親」のイメージをなぞろうとした。そのために、実は遺体が示していた科学的事実から離れることになった。

法廷では、まず初日、優紀君の遺体がゴミに埋もれた部屋で発見された時の様子が、警察官らによって証言された。

部屋の中はゴミの量が半端ではなく、家庭用の70ℓのゴミ袋が96個あったという。その膨大なゴミのなかから、唯一未開封のコロッケパンが発見された。消費期限は、2007年1月24日。

健一によれば、優紀君の死を確認した日の1週間後、弔いのためにアパートに戻り、ペットボトルのお茶と一緒にお供えしたものだった。これが、優紀君の死亡推定日を確定する唯一の証拠となった。

続いて2日目には、検察に発見時の写真を提示されたと語るA医師が「遺体には、栄養不足から筋肉をエネルギーに変えることで筋肉が萎縮して、関節が固まる『拘縮』が見える。死亡の1カ月前にこの拘縮が始まり、ほほがこけてげっそりするなど、誰が見ても命の危機がわかるほど相当やせて衰弱していた」と証言した。

この日は続いて、小児の放射線科医B医師が、法廷内に映し出された解剖時のレントゲン写真を見て、死後放置されていても骨の成分は変わらないとしつつ、「骨濃度、骨密度が低く、緻密骨の骨量は通常の5歳児の半分程度」と証言した。A医師の語るやせ衰えた優紀君という印象が補強された。

一方、優紀君の遺体の解剖を担当した東海大学医学部の大澤資樹教授が弁護側の証人として出廷し、「死因は不詳」と述べた。「拘縮」を意識しながら解剖をしておらず、控えめながら「筋肉もない、骨の中からそういうことを言うのは言い過ぎだ」とした。

だが、一審を通して「残酷な父親」というイメージが覆ることはなかった。

二転三転する証言

私はこれまでも数件の虐待事件の裁判を傍聴してきたが、この事件の場合、二転三転する被告の証言のために、何が起きたのかわかりにくい裁判となった。

健一は裁判で一貫して殺意を否定し、子育てと仕事の両立が最も大変だったと訴え続けた。しかし、彼の証言は少しずつ変化し、記憶にないと語る場面も多かった。特に、優紀君が亡くなった日付を覚えておらず、そのことについて、質問する検察官から「信じられない」と言われる。非常識だと責められていると私は感じた。

父子が二人きりで過ごした2年間に、一体このアパートで何が起きていたのか。

裁判で繰り返し問題にされたのは、健一が優紀君の死亡前にどの程度の頻度で家に帰り、食事を与えていたのかというネグレクトの状況だった。これは殺意を問う根拠となる。

しかし健一からは、ほとんど毎日家に帰っていたという言葉が出たと思うと、1週間に1回程度かもしれないとも言う。自分に有利な証言でもひっくり返してしまう。健一の証言はどこまで信用していいのか。それとも信用してはいけないのか。

裁判で証拠として取り上げられた検察調書は、「亡くなる前年の秋ごろから家に帰るのが嫌になって、週に2、3回の帰宅になり、優紀が痩せてきた。そこで、食べるものを増やしたが、痩せるのが止まらなかった。死の1カ月前からは、帰宅は1週間に1回になった」というものだった。この証言は、A医師の語った内容によく合っていた。少なくとも1カ月前には、一般的な認知能力がある人であれば、優紀君がガリガリに痩せていたことには気づいていたと、A医師は証言している。

ところが法廷で健一は、優紀君が亡くなる直前まで、基本的に毎日アパートに帰っていたと言い出し、自身の証言を翻した。さらに、再度の検察側の被告人質問では、「帰っていた日もあるがよく分からない」と内容を変えた。

ただし、優紀君の死を発見した時の記憶だけは、何度語っても明確だった。仕事から帰って肩のあたりを触ったら動かなかった。びっくりした。パニックになり、頭の中が真っ白になった。しばらく部屋にいた。寒い時期なので、毛布をかけてあげた――。優紀君の死を、健一が予期していたとは感じられなかった。

死ぬ直前は「優紀は少し弱ってきたかなとは思った」が「ガリガリというほどではなく、手足が曲がっているのは見ていない」と言った。そして、優紀君の死は「事故死みたいなもの」「原因はわからない」と発言し、無責任さを法廷に印象付けることになった。

繰り返し証言が変わった理由を問われると、「(取り調べ時に)誘導を受けた」「こうじゃないか、こうじゃないかと言われ続けると、そんな感じもしてくる部分もあった」「殺意については、否認しておけば、あとは適当に言っても、まあ、何とかなるのではという気持ちがあった」と語った。

健一自身は裁判で、記憶が曖昧な理由について、自身の母親が精神疾患を発症し、その母親の行動が嫌で、なんでも忘れるようにしてきたためと証言した。

抜け落ちた幼い時の記憶

健一は、1978年、横浜市鶴見区で生まれている。父親は大手製造会社の職工で、母親は専業主婦だった。1歳の時に妹が、4歳の時に弟が生まれる。

小学校に上がる時に、父親が神奈川県愛川町にある産業団地内の同社の工場に転勤になり、一家は近くの社宅に住んだ。

愛川町は現在人口4万人ほどの町だ。かつては生糸の生産が盛んだったが、戦前には陸軍相模原飛行場が置かれ、軍事拠点となった。その後、61年からは高度経済成長期の活力を背景に、隣の厚木市とにまたがって内陸工場団地が誘致される。工場団地のすぐそばには、そこで働く人たちのためにマッチ箱型の団地が造成された。そこに健一の家族も暮らした。父親は3交代で工場で働き、家庭生活にはほとんど関わらなかった。母親が主婦として子育てに専念した。

健一には幼い時の記憶があまりない。それでも、母にはよく叱られた思い出が残っており、怖い母だったという印象をもっていた。健一の妹によれば、父は家に帰ると寝ているばかりで、子育てに関わることはほとんどなかったそうだ。もっとも、妹自身にも、あまり子ども時代の記憶がない。

母親は、健一が12歳の時に精神疾患を発症する。子ども会での親同士の付き合いに苦しんだことがきっかけで、調子がおかしくなったという。

妹が小学校5年生の時、ある日の授業中、母親が突然学校に来て、「悪魔が来るから逃げよう」と言った。母親は3人の子どもを連れて、ふるさとの離島に飛行機で帰った。

妹によれば「おばあちゃんは亡くなっていて、おじいちゃんとお母さんの弟が住んでいました。私は、ウミガメを見たり、飼っている牛や鶏に餌をやったりして楽しかったことを覚えています」という。

母は精神的に追い詰められながらも、子どもたちを連れて、安心できる土地に避難しようとしたのか。結局1カ月足らずで父親が迎えに来て、愛川町の家に皆で帰った。

もっとも、この時の記憶も健一にはない。法廷で、健一の精神鑑定をした医師も証言したが、幼い時から高校時代くらいまでの記憶が奇妙なほど抜け落ちている。

母親は何度か入退院を繰り返した。その間、家の外に出て叫び声を上げたかと思えば、ろうそくを家の中に立てて、その周りをぐるぐる回ったり、その火が着衣に燃え移り、全身やけどを負うといったことがあった。裁判で健一は次のように述べている。

「母の発症がショックで、嫌なことは日々忘れるようにしていた。親に甘えた記憶はないです。悩みを相談したこともない」

どう対処していいかわからないほどの困難に出会ったとき、考えないようにしてやり過ごすというのが健一の身の処し方だった。

知的なハンディキャップを抱えて

裁判で明らかにされたことだが、精神鑑定によると健一のＩＱは69だった。証言に立った鑑定医によれば、「正常下位と軽度精神遅滞との境界域の知能」とのことだったが、同医師は健一を「精神障害には罹患していない」が「内向的で鈍感なパーソナリティ傾向をもつ」とも述べた。おおむね、社会生活を送ることに支障はないというのが、鑑定医の意見だった。

一方で鑑定医は、健一は学校での学びは身についているという。精神疾患を発症する前には、前駆症状がある。母親が発症したのは健一が12歳のときだが、その前から母親は状態の悪い時期があったはずだ。それでも母親は教育に力をかけたことが感じられる。

もう少し、健一の生育歴を振り返ってみよう。

母親の発症後、健一は、家の中では長男として母を守ると同時に、妹や弟に力を振るった。妹たちが気に入らないことを言えば、物を投げつけた。

地元の中学を卒業後、県立高校に入る。バイクを買ってもらい、友達とツーリングに出かけている。

高校卒業後は、自分の希望で通学に片道3時間ほどかかる、自動車修理の専門学校に入学した。自動車の修理工になりたいという夢があった。だが、その学校はあまり通わずにやめてしまう。通うのに精一杯で勉強にならないというのが理由だった。

工場団地のために開かれた愛川町の住民は、自分の住む町の中にある工場に通う。鉄道は走っておらず、一番近い小田急電鉄本厚木駅でさえ、バスで40分から1時間はかかる。車を持たない若い人たちが、町の外に通勤通学をするようには作られていないのだ。そういった土地柄も、健一の就学には不利だった。

健一は、やがて運送会社でアルバイトを始めた。近くを通る東名高速の厚木インターチェンジの周囲は、首都圏の物流の拠点でもあった。

この頃健一は、父親にメタリックグリーンのボディカラーがあしらわれた中古のセドリックを買ってもらっている。走り屋のような派手な車は、目立ちたいという気持ちがあったのだろうか。だがその愛車も、すぐにいたずらされて乗れなくなり、廃車となった。専門学校の授業料に車の代金と、あっという間に数百万円を無駄にしてしまった。

健一は自立の時期に安定した就労ができなかった。

20歳の時に、厚木市内にアパートを借りて家を出た。当時、女の子にモテたという。21歳の時の飲み会で、優紀君の母親になる愛子に出会い、交際が始まる。

やがて愛子が妊娠。それぞれの親に認められて、籍を入れた。結婚披露は健一の親族だけが集まり、若い二人を囲んで食事会を開いた。

健一と愛子は、優紀君の出産間近に厚木市内にある2DKのアパートに移り住んだ。遠くに大山を望む、農地と宅地が入りくんだ地域だ。2棟8軒が入った黄色い外壁のアパートは若い家族によく似合う。家主は元地元の農家だが、別の市に住む。近所には工場団地の発達とともに、1960~70年代に移り住んできた人たちが暮らす。ただし、町内会を仕切っているのは、元からこの土地に住む人たちだそうだ。健一たちのような、若いアパート暮らしの住民は、地域の共同体の中では顔は見えない——。

異例の懲役19年判決――認定された殺意

健一が優紀君に与えていた食事の回数は、最後まで争点となった。

裁判の中で検察は、優紀君が亡くなる前年の2006年秋から食事の回数が2、3日に1回になり、亡くなる直前には週に1回になったと主張した。その根拠は、1カ月前に「拘縮」が起きたという、検察側証人であるA医師の述べた〝事実〟に適合するからというものだった。「拘縮」は殺意の存在を説明する要となった。

10月22日、懲役19年（求刑懲役20年）の判決が下った。検察側の主張がほぼ認められたかたちで、健一が軽度の精神遅滞であることや、精神疾患の母親をもち、十分な養育環境に育たなかったことなどは情状の理由にはならなかった。

裁判所は「通常人であれば誰でも」死の危険性を理解できたはずだったにもかかわらず、医者に見せるなどの措置をせずに放置して栄養失調死させたとして、健一の殺意を認定し、「その残酷さは想像を絶します」と厳しく糾弾した。懲役19年という刑期は、殺人罪の有期刑の最高刑（20年）に近く、過去の児童虐待事件と比べても異例の重さだった。

2010年に、大阪府寝屋川市内で当時1歳8カ月だった三女の頭部を平手で強打して床に打ちつけるなどして死亡させ、傷害致死に問われた両親に対して、一審の裁判員裁判が言い渡した判決が懲役15年だった（2014年、この一審判決支持した二審判決が最高裁によって破棄され、夫懲役10年、妻同8年で確定）。

また、2009年に大阪市西淀川区で小学校4年生の女児が、実母とその同居人の男性から激しい折檻を受け、ベランダに出されて水分も食事も制限されて衰弱死し、奈良市内の山中に埋められた事件では、やはり裁判員裁判で、母親は懲役8年6カ月、同居男性は同12年の判決を受けた。ベランダに締め出した後も毛布や食事を与えていたことで殺意は認定されず、罪名は保護責任者遺棄致死罪だった。

これらと比較しても、健一への一審判決は格段に重く、児童虐待厳罰化の流れに沿ったものだと言えた。

また健一の知的ハンディキャップについて、判決は「弁護人は被告人の知能の低さや、被養育歴から来る受動的対処様式などの心理的特徴が本件の背景となっており、被告人のために斟酌すべきであると主張しています。しかしながら、精神鑑定によれば、被告人に精神障害はなく、知能や性格は正常心理内の偏りにすぎないと認められる上、証拠によっても、被告人の知能や被養育歴に特段の問題は見受けられないことは明らかですから、被告人の心理的特徴は、量刑にあたり考慮の必要はないと言うべきです」と一蹴した。

判決言い渡しを、裁判長は健一に対するこんな説諭で締めくくった。

「あなただけが頼りだった優紀君がこのようなかたちで衰弱し、絶命していく様子を思うとき、涙を禁じ得ません。（略）優紀君を救う機会はいくらでもありました。それなのに、『事故のようなもの』という発言、我々は耳を疑いました。まずどうして優紀君が死ななければならなかったのか。自分はどうすべきであったのか。自分のしたこと、しなかったこと、事実と真摯に向き合ってほしいと思います」

暗闇の中の子育て

裁判を傍聴して、私は健一の子育てに圧倒された。孤立をすれば、こんなことも起きるのだと思った。

妻が出て行った後、健一は、昼間も雨戸を閉め切り、仕事に行っている間に優紀君が一人で家の外へ出て行かないように、玄関に通じる和室の出入り口にガムテープを貼った。誰にも頼らずに問題を解決できる現実的な方法だった。それが虐待であることを健一は気づいていない。

食事は、述べた通りコンビニなどで買ったおにぎりや調理パン、500㎖のペットボトル飲料を1日2回、休みの日は1日3回与えている。健一本人はその横で、コンビニ弁当を食べ、缶酎ハイを飲んだ。オムツは毎日変え、同じ布団で寝た。すべてが暗闇の中でのことだ。

いかに栄養バランスとは無縁の食事であれ、貧しい中で食べ物と飲み物を買い与え、添い寝をする。月に2度ほど公園に連れて行くこともあった。

健一は、「市に援助を求めることは頭が回らなかった」「保育園は考えたが、仕事で送り迎えができないと思ってあきらめた」と証言している。

健一は妻が出て行ったことも優紀君を一人で育てていることも実家や会社に伝えず、誰にも気付かれることはなかった。一方で、出廷した会社の上司は、健一の職場での評価は高く、上位20パーセントに当たるAランクだったと証言した。残業時間は月に50～60時間にもなる。その間、子どもを暗闇に閉じ込めていた。雨戸を締め切っていたことについては、健一は「生活を外から見られたくなかった」と語っている。気配を消す術を知っていたのだと私は思った。困難を抱える人たちは、周囲に自身の困難を周到に隠す。そして、一人でケアを担う。その上で、仕事の上では破綻は見せない。

「仕事がしんどいと思っていた。育児は妥協していたというか、仕方がない部分だったので、育児が嫌だとは思っていなかった。仕事メインで、妥協してもらうしかなかった」

健一は、このように裁判の中で証言している。裁判後の私との手紙のやり取りや、面会の中でも、子育てと仕事の両立が大変だったと繰り返した。

弁護側の証人として健一に面接し、法廷でも証言した児童虐待と臨床心理の専門家である西澤哲・山梨県立大学人間福祉学部教授によれば、健一は妻がいなくなった後、優紀君にこう声をかけ続けたという。

「これからは二人だけだから。二人で生きていこうね」

西澤教授は法廷で、「被告は子育てをしているつもりだった」と証言した。

妻が出て行って半年ほどで付き合う女性ができ、週に2度ほどは一緒に過ごすようになった。健一の証言によれば、それでも優紀君に食事を与えるために1日2度、家に帰っている。健一がこの女性と暮らし始めたのは、優紀君が亡くなって半年後のことだ。それまでアパートには、弔いのために一度戻った以外は帰らず、当時もっていた車の中で寝起きをしたり、野宿をしたりして過ごした。普通に会社に勤めている男性が野宿をするのだ。

この女性によれば、健一から暴力を受けたことはないという。そして、健一が心を開くようになったのは、一緒に暮らし始めて5年が経ったころだったと証言した。

一方で奇妙なことに健一には、愛子とはまだ夫婦であると考えていた節がある。

愛子は家出後も、自身の証言によれば1回、健一の証言によれば5回程度、健一のアパートに帰ってきている。健一は帰ってきた愛子を部屋に上げて、一緒に過ごした。帰ってきたことに怒りはなかったかと問われて「怒りはなかったです。やっぱり優紀の母親だから」と答えている。

愛子が家を出て8年後、つまり優紀君が亡くなって6年後のこと、健一は自分の会社が社名を変更した際に、愛子と2度会って、渡してあった旧社名の保険証と新しい保険証を交換している。自身も、新しい交際相手と暮らし始めてから5年以上が過ぎていた。

同じ保険証を使うことは、家族の証だった。そんな見方はできないだろうか。

優紀君の死から半年後、健一は新しい交際相手と別のアパートで暮らし始めるが、それから事件発覚までの7年間、優紀君が横たわる部屋の家賃を払い続けた。事件の発覚を恐れたと証言しているが、遺体を隠すだけであれば、他にいくらでも方法がある。

そこを引き払わなかったのは、家族喪失を誰にも知られたくなかったからではないか。

健一には確かに強い家族規範がある。そのために身動きが取れなくなっていたという仮説は、考えすぎだろうか。

誰かを断罪すれば解決できるのか

一審判決を受けて、健一は殺意を認めず、控訴した。

判決後、私は健一と拘置所で面会したほか数度手紙のやり取りを行い、さらに健一の家族にも会った。その中で見えてきたのは、理解されにくい障害を抱え、困難な生育環境を生き延び、子育てについて何も知らないまま誰にも助けを求めず、3歳の子どもとともに暮らしていこうとした姿だった。

拘置所で健一は私に「裁判でちゃんと話せなかった。優紀に申し訳ないことをしたともっと伝えたかった」と話した。どの点が申し訳なかったのかと尋ねると、「部屋の環境と、栄養のある食事」と言う。一審の裁判を経て、自分の子育てが異様だったことにようやく気づき始めているのかと思った。

また、健一は私にこんな手紙を書いてきた。

「やはり優紀のことを考えるとすごくつらいです。取り返しのつかないことをしてしまったと本当に申し訳ない気持ちでいっぱいです。私は優紀のことを知る数少ない人の一人です。父親として育児は自分なりに一生懸命に頑張ってやっていました。約2年間二人きりで生活をしていましたが、結果として、こういうことになってしまって本当に残念でたまりません。後悔しています。記憶はずっと曖昧なままです」

しかし、裁判ではそうした健一の主張は重視されることはなかった。それよりも、検察はメディアで示され社会に広がった「残酷な父親」のイメージをなぞろうとした。そのストーリーはわかりやすく、一審の裁判員裁判で支持された。

前出の南部准教授は「裁判員制度導入以後、裁判員の感情に訴えることを優先し、従来の刑法理論の学問的蓄積はなし崩しになった」と言う。とりわけ虐待事件の厳罰化が進む。社会が虐待に強い憤りを感じるからだ。裁判員だけがその空気から自由でいることは難しい。

「虐待は許せない」という、メディアが後押しして生み出された市民感情は、誰かを断罪しないではいられないのか。だが、本来刑法では、疑わしい場合は被告人の利益を取ることが前提だった。

優紀君の死は痛ましい。ネグレクトが起きていたことは間違いない。しかし、虐待は、それを行った個人にモンスターのようなイメージを貼り付けて社会から葬りされば解決できる問題ではない。これまで蓄積してきた科学に依拠し、実態を見つめ続ける誠実さが求められる。

破棄された一審判決

虐待事件としてはこの上もなく重い一審判決は、「拘縮」が存在することが大前提だった。

だが、法廷の外に出て、法医学の専門家たちを訪ね歩けば、「拘縮が飢餓と結びつくなど聞いたことがない」という意見ばかりが聞こえてくる。南部准教授もその一人だ。

「飢餓により筋肉をエネルギーに変えたために、拘縮が起きたという考え方には馴染みがありません。拘縮があったから、死の1カ月前の優紀君がガリガリに痩せていたということは無理があります。拘縮という1点に収斂して判決がされているのは乱暴に思います。司法解剖を行った先生（大澤医師）の所見のほうが信頼性があります」

複数の医師や児童虐待の専門家からは、飢餓の際に「拘縮」が起きるという意見には異論があることを教えられた。拘縮があったというのは本当に事実なのか。

日本法医学会の理事を務める岩瀬博太郎・千葉大学医学部教授は、この判決について二つのおかしさがあると指摘した。すなわち、「（1）飢餓と拘縮は無関係である。（2）仮に拘縮があったとしても、ミイラ化した死体で関節拘縮はわからない」という。

岩瀬教授は「一般的には」と断って、次のように語った。

「ときどき警察や検察は、自分たちのストーリーに合う発言をする医師を選んでしまう傾向がある。そうなってしまうのは、日本の法医学全体が脆弱だからでもある。アメリカやヨーロッパの国などでは複数の法医学専門の医師がいる施設で、同僚同士で批判を受けた鑑定結果が裁判に提出される。日本では一人の医師のみで鑑定を行う場合が多い。法医鑑定という、本来は科学的、客観的であるべきものが、時には偏りかねない一人の医師の判断に依拠させるのはどうかと思う。冤罪《えんざい》も起こりかねない」

二審のために、岩瀬教授は意見書を書いた。

優紀君の司法解剖を担当した大澤医師も意見書を書いた。それには、優紀君の遺体は「蚕食」という昆虫類が遺体から栄養を摂取する段階を経ていたり、カビにより骨頭部が変形しているなど、亡くなった時点の骨の状態と発見時の骨の状態が大きく異なること、また、遺体のレントゲン写真は歯科用のハンディな装置で撮影したもので、そこから骨密度、骨量、緻密骨の厚さを述べるのは適切ではないことが書かれていた。

石田弁護士は、岩瀬教授と大澤医師の意見書をもとに控訴趣意書を書いて、裁判所に提出した。2016年11月4日、東京高等裁判所で控訴審初公判が開かれ、即日結審した。翌年1月13日の判決では、東京高裁は一審判決を破棄。保護責任者遺棄致死罪を適用して、改めて懲役12年を言い渡した。つまり、一審の証拠のみで判決が大きく変わったのだ。

刑事事件の控訴審で、殺人事件で、高裁が一審判決を破棄し、独自に判決を言い渡す例は1割に満たない。いったいなぜ、高裁は殺人罪を適用しなかったのか。

判決は優紀君の遺体に対して、「右手首の屈曲が拘縮であると説明しながら、左手首に同様の屈曲がないこと」を挙げ、「A医師の証言の信用性を高く評価できるかについても、疑問が残る」とした上で、最終的に「大澤医師の証言が説得的だ」と述べた。

また健一の調書について、取り調べで誘導した疑いもあったとして「信用性は高くない」と指摘し、「適切な診療を受けさせるなどしなければ、死亡する可能性が高い状態になっていたとも、そのことを被告人が認識していたとも認定できない」と結論付けた。

そのようにして二審で「拘縮」は翻った。ただし、優紀君が亡くなる直前の食事の回数は翻らず、「単独犯の保護責任者遺棄致死の事案の中では最も重い部類に属する」として、懲役12年となった。

この判決も不服としていったんは上告した健一だったが、検察側は上告しなかったことで健一も取り下げ、刑が確定した。

健一は「殺人罪にならなくてホッとした」と手紙を書いてきた。

育てる力が乏しい親、それを支えない社会

二審の判決文には「一人で養育することに困難があったのであれば、公の援助を求めるなど取りうる手段は多く存在していた」「知的能力が若干通常人よりも劣っていたとはいえ、被害児の養育の点以外は通常の社会生活を送っていた被告人にとって、そのような他の手段を求めることが困難であったともいえない」とあった。公的な支援を求めなかったことが懲役12年の重さとなった。会社員としてAランクの評価を受けてさえいれば、野宿をしていても通常の社会生活なのか。

しかし、弱さを抱えた人間が支援を求めないということで、その個人に責任を帰すことは妥当なのか。失われた優紀君の命は二度と戻らない。その事実は重い。だが、それは父親である健一を、犯罪者として社会から長期に隔離すれば済む話なのか。健一は「やはり今後、二度と同じような事件は起こしてほしくありません。助けを求めている人はたくさ

んいると思います」と手紙に書いている。

虐待対応の現場で話を聞けば、知的な力が障害か障害でないかのボーダーライン上にあると思われる親たちがその意図はなくても、支援を求められずに、結果的に子どもを虐待してしまう例は頻発している。社会の中で孤立するのは、力の乏しい親たちだ。

司法解剖を担当した大澤医師の話によれば、優紀君の身長は101センチメートル、頭囲、歯の育ちは5歳児相当だった。つまり、父親と二人きりで暮らした2年間、曲がりなりにも成長していた。本格的なネグレクトを受けた子どもは成長が止まることが知られている。それに対して優紀君は小柄ながらも5歳児相当に体は育っていた。子育てをしていたという健一の証言はうそとは言えない。

健一は優紀君が亡くなった時期の記憶がない。一審では、殺意の根拠になる亡くなる前の帰宅頻度をめぐって、健一の証言が二転三転した。だが、健一に限らず、子どもを亡くしてしまうほど追い詰められた親は、しばしば、その直前の記憶があやふやである。

優紀君の死は、餓死とは特定されていない。病死、凍死などの思いがけない死であった可能性はある。健一は優紀君の死について「事故のようなもの」と証言し、聞く人を驚かせたが、子どもが亡くなると想像さえしていなかった健一には、それが率直な実感だったことを否定はできない。

父子の間に何が起きていたのか。司法は、もう一歩踏み込んで、虐待の仕組みも含めた現代の科学に沿って事件を読み解く必要があったのではないか。

筆者は一審、二審の裁判を傍聴し、健一との拘置所での面会、手紙のやり取りを続けるなかで、「残虐な父によるいたいけな児童の虐待死」というストーリーだけでこの事件を語れるのかと、違和感を強くした。

同時に、社会にＳＯＳを出せない家族が、ここまでの孤立を抱え込むのかと感じた。

2　助けを求めることを知らない親たち

父親がもっていた4つのハンディキャップ

健一は徹底的に、自分の子育てを社会から隠していた。仕事先、自身の実家、妻の実家、そして健一の新しい交際相手も、健一がたった一人で子どもを育てていることに気がつかなかった。

「普通の大人なら、人に助けを求めるだろう」と思う。しかし、健一はそうしなかった。

精神保健の分野では援助希求行動がないことは、自傷行動だとされる。

父親である健一は、いくつかのハンディキャップを抱えていた。大きくは4つある。

1つ目は、知的なハンディキャップ。

2つ目は、精神疾患のある母親の下で育った生い立ち。

3つ目は、シングルファザーであったこと。

4つ目は、夫婦とも実家との関係がよくなかったこと。

これらのハンディキャップに従って事件を読み解いていくと、法廷で奇異にとらえられた健一の証言にも、理解できる部分が出てくる。

まずは、健一の知的なハンディキャップについて見ていく。

「性搾取問題ととりくむ会」事務局の田口道子さんは、40年近く、軽度知的障害のある人たちの支援に関わってきた。田口さんによれば、軽度な知的なハンディキャップのある人たちは、ない人たちとは「異なる文化」をもっているという。

「こうした人たちは、一つのことをコツコツ積み重ねていくことは得意です。その一方で、抽象的な思考や見通しを持つことが難しく、時系列で説明することも苦手です」

日常の会話の中で、彼らのハンディキャップを感じることはまずない。だが、しばらく話をするうちに違和感を覚え始める。

「ＩＱ69くらいなら普通に会話ができます。ところが話を詰めていくと辻褄が合わないところがある。慣れている人なら知的ハンディキャップに気がつきますが、そうでないと、おかしな人ということになるかもしれません」

また、彼らは「体を動かすことや目で見て判断することはできます」という。

健一が、仕事の面ではほとんど遅刻や欠勤がなく、職場で高い評価を受けたことは彼の知的ハンディと矛盾しない。

さらに共通すると考えられるマイナス点もある。それは次のようなものだ。

・抽象的に考えられないこと。
・情報を溜められないこと。
・将来を見通せないこと。
・時系列で思い出せないこと。
・誘導を受けやすいこと

裁判官に「優紀君が小学校に入るときのことは考えなかったか」と問われた健一は、「思わないわけではなかったが、具体的には考えなかった」と答えている。それは無責任さではなく、実は彼の能力の低さに起因していたのではないか。

また健一は、優紀君の死について「事故のようなもの」「死因はわからない」と答えて、やはり裁判員や裁判官からマイナスの反応を引き出してしまった。場に即して適切に語ることも難しかったのではないか。

職場で激務に従事しながら、一人で子どもをケアすることは不可能だと見通すことができないまま、奇妙で苛烈な子育てを2年にもわたって続けていたこと自体が、情報を得て、自分と子どもの身の安全を守れない、彼の知的なハンディキャップを証明しているのではないか。

健一は、見えにくい困難を何重にも背負いつつ、仕事も子育ても家族でなすべきという家族規範を守ろうとする中で、追い詰められていったのではないか。家族としての役割を果たそうとしない愛子に激しい怒りを募らせながら。

国は、男性片働きの社会体制を維持しつつ、不足分を女性が補って働き、あとは片手間に子育てができると思っているのだろうか。

優紀君は亡くなった当時、ほとんど自己主張がない、声が小さく、語彙の乏しい5歳児だった。

弱者が強いられる不利な選択

私は短い期間だが、かつて支援職に就いていた。その頃知り合った人たちのなかに、いくら論理的に説明しても、そのように動き出せない人たちがいた。その後、頑固な性格だと思った何人かの人たちが、知的にボーダーといわれる状況にあると知らされた。

彼らは私がそれまで想像していた「知的なハンディキャップ」とは大きく違っていた。料理が上手であったり、戦闘機に興味をもって難しい専門書を読みこなしている人もいた。公立高校に通っている人も短大生になっている人もいた。就労している人もいる。

一般に流布している、あるいは私自身にそれまであった知的ハンディをもつということのイメージと、彼らのリアルな日常とは随分違ったのだ。

ただし、周囲の人が気づかないからといって、知的ハンディのボーダーにある人たちが問題なく社会生活を送れているということにはならない。彼らが社会で傷を負わないためには、守り手が必要だ。田口さんは言う。

「かつて家族のネットワークが強かった時代は、たとえば知的なハンディがある者同士で家庭をもったとしたら、親族や地域の人たちが気にかけてあげ、それとない見守りの中で生活を営むことができた。それが、今なくなっています」

コミュニティが壊れ、親族との関係が切れた時には、彼らは社会にうまく適応できないところがある。そうなると、社会との摩擦を避けて閉じこもるしかなくなる。あるいは、不利な選択をして、社会の中の居場所をより限られたものにしていく。

たとえば風俗に勤める女性たちのなかには、知的なハンディキャップを抱える人たちが決して少なくないことが知られている（鈴木大介著『最貧困女子』などより）。彼女たちは、自分でその道を選択したと言われるのかもしれない。だが、抽象的な考え方ができないために未来を見通せず、意思に反した選択を強いられていることだってあるのだ。

あるいは、ＤＶを含め、生活に困難を抱えた女性を守るために設置された婦人保護施設の利用者の３～４割は、知的障害があるとも言われているそうだ。

彼女たちの支援をしてきた田口さんによれば、妊娠や中絶の結果、困難を深める人たちに婦人保護施設を利用させたところ、飛び出して行方不明になる人もいたという。

「騙されやすく、生きる術を持たない。見通しが立てられない。それで売春を始めてしまう。知的障害者への支援を充実させることは、結果的に売春に巻き込まれることを防ぐことになると考えられてきました」

同じような傾向は、健一にも確かにあった。裁判で優紀君の小学校入学について「具体的には考えなかった」と答えたのも、彼は将来の見通しを考えにくい特質を持っていたと考えれば合点がいく。

育たなかった自尊感情

知的障害をもつ人は時系列で語ることが難しいという特色があるという。

健一は、優紀君と二人だけで暮らし始めた当初、スズキの軽乗用車を所有しており、休みの日には、優紀君を乗せて少し離れた公園に出掛けている。だが車が壊れてからは、公園には行かなかったという。裁判で、いつ壊れたのかと聞かれて、答えられなかった。

一方で、健一は職場での評価は非常に高く、上位20％に当たる「Aランク」を獲得していた。これが、裁判で健一の知的ハンディキャップが考慮されない要因の一つとなったのだが、田口さんによれば、トラックの運転や荷物を時間内に配送することなどは、問題なくこなせた可能性はあるという。コンピューターシステムになっていれば、配車の仕事もできたかもしれないそうだ。遅刻や早退、欠勤なく働き続けられたことも含め、ルーチンワークをコツコツ積み重ねる力が前面に出たためだともいえる。

裁判で健一の父親は、息子にハンディキャップはあったかと尋ねられて、「息子は頭脳明晰だった」と答えた。

「もしそうだとすれば、親としてわが子のハンディキャップを認められなかったのかもしれません。それも子どもからすれば、適切な助けを得られなくて、大変なことだったのではないかと思います」（田口さん）

会社側に自分の窮状を話して、自分の状況を改善させることができなかったのも、見方によっては、周囲にノーという力が弱かったからだとも言える。

精神遅滞と呼ばれる人たちは生物学上では2パーセント程度といわれており、日本には270万人以上いる計算になる。だが、そのうち、障害を認めて、障害者手帳を取得している人たちは約74万人だという。

「軽度の知的ハンディキャップのある人たちは、配慮されずに育っています。そのなかの多くの人が、お前はダメだと言われ、しかられながら生きているのです。すると言われるとおり自分はダメだと思ってしまい、自己肯定感が低い大人になる。助けを求めるものだとも思っていないから、困ったときに助けを求められず、さらなる困難に巻き込まれることになってしまうのだと思います」

そうした彼らの特性は、取り調べの時には誘導されやすさとして現れてくる。

「自分を守ろうとして、相手の言うとおりにすることに慣れているから、『こういうことだったのか？』と聞かれると、『きっとそうだと思います』と言ってしまう。自尊感情を育てていれば、だんだん自分の意見を言えるようになりますが、そういう教育を受けていないと、自分を隠してやり過ごすようになる。この事件の場合、子育てを隠したこと自体、マイナスな評価を得たくない思いがあったのでしょうね」

精神疾患がある母親に育てられた過去

健一の2つ目のハンディキャップは、精神疾患がある母親に育てられたことだ。裁判での健一の発言をもう一度引こう。

「母の発症がショックで、嫌なことは日々忘れるようにしていた。親に甘えた記憶はないです。悩みを相談したこともない」

妹は母親の病気について、クラスメートに話すことはできたと言う。しかし長男である健一は、家族の秘密を決して友達には漏らさなかった。二重構造の日常を生きていた。それは10代の少年にどれだけのストレスだったか。

健一の心理鑑定をした前出の山梨県立大学・西澤教授は、裁判で「(健一は) 極めて強い受動的な対処様式があった」と語った。

西澤教授は私の取材に対してもこう答えている。

「問題が起こったら、解決に向けて何かしていくのではなく、与えられた環境をただ受け入れていく。それが非常に強い感じがします。彼のお父さんは3交代で働く仕事をしていて、家族との交流がない。その中でお母さんに精神疾患の発症があった。彼はお母さんのことを誰にも相談したことがないという。お母さんが外で大きな声を出しているのを、自身で家の中に引きずり込んだこともあった。そうしたことが、彼の受動的な対処様式を作り上げたのではないかと思います」

健一は私への手紙では次のように書いてきた。

「お母さんが病気になった時は (略) 誰にも知られたくありませんでした。特に同級生には知られたくなかったです (略)。(家族から) 病気の事を人に言ってはいけないと言われていませんが、家中がなんだかそういう雰囲気でした。時々自分のことがどうでもいい気持ちになる時があります。今でもそうなる時があります。(略) お母さんが家の外に出て声を出して、お父さんが家に引き戻す (略) 事はありました。(略) 一緒に手伝ったこともありました」

私は拘置所で健一に面会したとき、幼い頃、1日に3度食事をとっていたかと尋ねた。すると、記憶がないと言った。「お母さんが病気になって、おばあちゃんが家に入ってきてからは3度ご飯を食べていました」という。

母親が発症したのは健一が12歳のときだが、その前から長期間、母親は状態の悪い時期があったはずだ。健一は、12歳以前の母親についての記憶もあまりもっていない。

子ども時代の記憶がなければ子育てモデルももてない

西澤教授によれば、人間の記憶は3歳くらいから始まる。

「記憶の定着は、言語体制化の発達と関係があるとする説があるんです。自分の体験を言葉に置き換えて、大人と話して、初めて記憶が定着する。ところが施設で育ち、特定の大人と愛着関係が作れなかった子どもたちの一番古い記憶は、小学校の入学式とか、小学校2、3年生からなんですね」

健一の1歳下の妹に話を聞いたところ、彼女には11歳以前の記憶がない。兄妹はそれぞれ母親が精神疾患を発症した年齢以前の記憶が曖昧なのだ。

精神障害を抱える親元で育つ子どもの支援に関わってきた鈴鹿医療科学大看護学部の土田幸子准教授は、こうした人たちの中に、幼い頃を思い出せない人たちは多くいると言う。

「周囲が親を否定的に見れば、自分自身のことも否定的に考えます。虐待を受けた子どもと同じような苦しみを体験しています」

健一にとって、子ども時代の記憶がないということは、その時代の子育てのモデルをもたないということだ。

3歳の優紀君に、1日に2回のコンビニのおにぎりとパン、500㎖の飲み物という食事しか与えなかったのも、子育てモデルがないからだという分析をすることができる。

土田准教授はこう言う。

「子育てモデルをもたないことで、強い不安を抱える人たちがいます。『育て方がわからない』と相談しても、『難しく考えることはないのよ。自分が育てられたように育てればいいのよ』と言われて、それ以上尋ねることができなくなってしまったり」

一審の法廷では、健一が逮捕された当時の取り調べのビデオ録画が流された。傍聴席には音声のみだったが、警察官の「あなたも自分の4歳、5歳の時のことを思い出してもらえればわかると思うのだけれど、生活などできないだろうし、ご飯だって作れないだろうし。その責任があったことはわかっているんですね」という問いかけが最初だった。
「ええまあ」などと、健一は話を合わせるような受け答えをしている。警察官は、健一が3度の食事を食べさせてもらった記憶がないとは意識していなかっただろう。問いが発せられ、言葉に詰まる健一にヒントを出し、取り調べる側の思考の範囲の物語が作られていった。

現実に向き合えない家族

ところで西澤教授は、健一に受動的な対処の態度があると語ったが、家族全体が受動的対処しかできない家庭だったのではないかとも付け加えた。

家族全体が柔軟に現実に対応する力が乏しかった。自分たちの困難な状況を認識し、支援を求めるのではなく、より弱い者に我慢をさせた。

適切な介入があればと思わないではいられない。

健一が優紀君にしたことは、健一自身が親から受けたことに似ている。親の側は必死に生きていたのかもしれない。だが、子どもの育ちに必要なものを与えることはできなかった。

情状証人として法廷に出てきた父親は、場が望んでいる言葉以上の過剰な説明を繰り返した。不器用な人だと感じられた。彼は法廷で、子どもとほとんど関わったことがないとしながらも、息子は頭脳明晰だったと言った。この父の証言は、健一にとって不利になった。裁判では、息子がありのままに理解されることが、もっとも重要だったはずだ。しかし傍聴席の私からは、父親はそれがわかっていないように見えた。何故その質問が問われているかを把握したうえで、適切に答えることが難しそうだった。

「聞かれたことに答えていただけますか」と裁判官にたしなめられるシーンもあった。

健一の実家は公的なものには忠実な家族だ。裁判の間、健一への面会は1歳年下の妹の役目だった。彼女は月に一度程度、洗濯物の宅下げに行き、小遣いを入れていた。体調がいまだ良くない母親は面会には行かない。父親も面会せず、手紙も書かない。ただし、健一が放置していたアパートの大家には、連帯保証人として高額の謝罪金を支払った。父親はそこでは、健一の家族としての役割を果たしている。

裁判で父親は、健一に対して「2年間よく頑張った」と思いを述べた。同じ言葉を妹も証言している。

その家族の言葉は、健一のことを、子どもがガリガリにやせ細るまで放置して殺した極悪非道な男として理解していた者たちに、明らかに奇異に響いた。

だが、職工として勤め上げ、精神疾患を発症した妻を支えながら子どもたちを育てた父は、法廷にいた誰よりも、子育てと仕事の両立に苦しんだ健一を理解していた可能性もある。

一審の途中、拘置所の健一に接見取材を行った神奈川新聞によれば、健一は記者に対して、出廷した父親の姿に「じーんとした。あんなにしゃべっている姿を見たのは初めて。普段からコミュニケーションを取っていればよかった」と語っている。また、父親と顔を合わせたのはおよそ10年ぶりだったといい、父親には「事件について謝りたいし、今までたくさん迷惑をかけてきたので謝りたい」と説明した、とある（同紙電子版2015年10月23日公開）。

私も一度だけ、拘置所で健一のとても素直な笑顔を見たことがある。それは、私が妹への取材で聞かされた家での父親の様子を伝えた時だった。彼女が健一との面会から帰宅すると、必ず父親が「どうしていたか」と気にかけてくるという話だった。その話を健一は妹から聞いたことがないということだった。親密な愛情をどれだけ欲しているのか、とその重さを思わされた。

シングルファザーたちの孤立

シングルファザーはシングルマザーよりも、子育ての情報にアクセスしにくいといわれる。そのことが今回の事件に及ぼした影響は、小さくないと私は考える。

健一の妻は、優紀君が1歳半のころ、風俗店で働き始めた。優紀君は午前中から託児所に預けられ、時には引き取りは深夜12時を回った。風俗店で働く女性たちにとって「託児所に子どもを預けること」は日常だった。だが健一は、妻が家出をして父子二人で暮らし始めてから、仕事をしている間は優紀君を寝室に閉じ込めた。裁判で、健一は託児所というものを知らなかったと言った。困った時に社会に子どもを預けるという「文化」が、健一には身に付いていなかった。

もし、健一の周囲にシングルファザーの仲間がいて、子どもを託児所に預ける「文化」が当たり前にあったら、優紀君を預けたのではないか。先に触れた神奈川新聞の同じ記事の中には、「行政や児童相談所に声を掛けてもらえたらよかった」という健一の言葉があった。

数少ないシングルファザー研究の一つ、「シングルファァーザー生活実態インタビュー調査報告書」（平成28年1月、川崎市男女共同参画センター）は30人のシングルファザーにインタビューした結果を掲載している。

シングルファザーになったことをきっかけに、会社の役職を降りた人がいる。正社員からパートになった人もいる。仕事と家庭を両立させるために、仕事を縮小せざるをえないことは多い。だが、健一はいっさい仕事のペースを変えなかった。

この調査報告書によると、シングルファザーたちには、自分のことを包み隠さず話せる場はないという声が複数掲載されている。シングルファザー同士だとわかっていても、お互いの状況を話し合うことはしない。マイノリティであることをことさら言い立てることはしないのだ。だから、彼らは孤立しやすく支援にアクセスできない。

また、同報告書は次のように言う。

「本調査から把握される現実は、そもそも父子家庭を形成すること自体に一定の条件が必要であり、父子家庭を維持するにも一定の条件が必要である（略）その条件が整わなければ（略）子どもを分離して父子であることを維持するしかない」

その条件とは具体的には、第1に親族によるインフォーマルサポートがあること。第2には子どもの年齢・性別・人数。たとえば子どもが中学生以上であれば、父親は土日勤務や夜勤が可能になる。そして、第3に年間収入が700万円以上で、学歴も大学大学院卒であること。

つまり、父子家庭の成立には、家族関係が豊かであり、子どもがある程度自立しており、平均以上の安定した収入が必要になるという調査結果だ。言うまでもなく、健一はそのどれにも該当していなかった。

実家に頼れなかった若い夫婦

健一の妻の愛子もまた、家庭を維持するうえでのハンディキャップをもっていた。

愛子は17歳のとき、アルバイトでトラック運転手をしていた健一と出会った。彼女は親との関係が悪く、家出をして健一のアパートに転がり込むことになった。そのまま高校を退学して結婚。そうして生まれたのが優紀君だ。

裁判では愛子は「教育も躾もすべてが厳しかったので、それに耐えられなくなって、自分が出てしまいました」と話している。健一と暮らし始めたのは、「好きだったのと、家を出たかったから」と言う。

2009年に改正された児童福祉法に、「特定妊婦」が規定された。これは「出産後の養育について出産前において支援を行うことが特に必要と認められる妊婦」のこと。健一の妻は高校中退で家出経験があり、若年出産を迎えた。今であれば、特定妊婦として支援の対象になった可能性が高い。妊娠期から保健師がつき、出産から子育てに至るまでサポートしてもらえる。だが、健一の妻が優紀君を出産した2001年当時、そうした制度はまだなく、家庭の中に行政の目が入ることはなかった。

優紀君が生まれた後、健一は非正規でペンキ職人として働いている。アルバイトではなく、手に職をつけたかった。しかし雨が降ると仕事がなくなり、経済的に不安定だった。夫婦それぞれの実家にお金を借り、それでも足りなければ消費者金融で生活費を借りることもあった。

裁判官から「妻が出ていった後、どうして実家に相談しなかったのか」と問われた健一は、「今まで親にいっぱい迷惑をかけてきたということもあります。お金の面で」と述べている。「車を買ってもらったり、専門学校に通わせてもらったり、あとは育児に対する生活の援助だったり」とも。その総額は、500万円まで膨れ上がっていた。それ以上の援助は求められない。

状況を改善しようとした健一は、優紀君が生まれて半年後、求人誌で見つけた運送会社に、正社員のトラック運転手として転職する。ところが、そこでは長時間労働が待っていた。待ち時間などがあるトラック運転手は、一般に長時間拘束の仕事として知られている。厚生労働大臣告示により1カ月あたり293時間の拘束が認められており、朝4時から夕方あるいは夜中までの勤務があった。

基本的に週6日勤務で、月収は手取り23万円から25万円。ただし、仕事上で使う携帯端末の料金は自前だった。

健一は懸命に努力する。家族よりも仕事を優先する働き方は、実父譲りだ。ところが健一が父のように努力をしても、夫婦の関係は改善しない。いくら仕事に励んでも、一流企業に勤め社宅で暮らすことのできた父世代と同じようには、家庭は維持できない。

健一の父親たちの世代は、会社が丸抱えで家族の面倒を見た。整った社会福祉が会社を通じて提供され、会社に奉仕をすれば、家族と関わらなくても、ケアを担う妻とともに家庭は維持できた。

しかし、1997~98年の大手金融機関の連鎖倒産の時期を経て、片働きで男性が就労を確保し、女性がケアを担うという日常の支え方が、経済的な力の弱い家庭では、できなくなっていく。特に実家との関係が良くなかったり、実家の力が弱い若い家族は、生活を続けることで、疲弊していく。実際この時期に、日本の離婚件数は増大している。

破綻した夫婦

健一の長時間労働の一方で、10代の若い母親である愛子が、子どもと一緒にアパートに取り残され孤立した。

そのうちに夫婦喧嘩が頻繁に起こるようになった。殴り合いになって、ガラス戸が割れた。借金は依然として解消できず、愛子は優紀君が1歳半になった頃から、コンビニにアルバイトに行くことになった。その間、優紀君は部屋に放置した。子育ては、収入を得ることとケアをすることの両方を必要とする。収入が足りない夫婦は、なんとかお金を得ようとして、子どもへのケアが不十分になっていく。

健一は、食卓にコンビニ弁当がのぼるようになったことから、愛子がアルバイトを始めたことに気がついた。だが、特に何も言わなかった。

部屋はみるみる汚れた。ネグレクトが始まっていた。

やがて、愛子は健一に内緒で厚木市内の風俗店で働き始めた。優紀君は、午前中から深夜まで、風俗店に関係する託児所に預けられっぱなしになる。愛子は風俗勤めのことは、夫にはひた隠しにした。健一がそれを知ったのは、事件が発覚した後だった。

愛子には、健診に一緒に出かける子育て仲間の友人がいた。1歳半健診にも連れ立って出かけていた。その友人に、夫婦喧嘩で夫から暴力を受けると相談すると、実家に帰るようにと親身にアドバイスを受けた。

だが、正しいアドバイスは時にむしろ、人の関係を裂く。健一も愛子も実家との関係が悪く、親に助けを求めることはできない。二人とも実家が経済的にも自分たちを支えきれないことは知っている。そのことが実家との関係を疎遠にしていた。アドバイスには従えず、これ以降、友人との関係は切れてしまった。

愛子の買い物やホスト遊びでの浪費などが原因で、借金はさらにかさんでいく。部屋には捨てられないゴミが溢れた。また愛子の男性関係が健一の知るところとなり、さらに激しい喧嘩が起きる。

健一との殴り合いが絶えないような生活は限界だったのか、愛子は2004年10月頃、優紀君が児童相談所に一時保護された一件と前後して、家を出て行った。そのときの家出先は、サウナや漫画喫茶だったと彼女は裁判で証言している。家出少女たちがよく利用する居場所だ。家を出た時、手元には数万円があったという。健一のもとには、3歳の優紀君が残された。法廷では「子育てと仕事の両立に追い詰められていた」と証言したが、それは本音だったかもしれないと私は感じた。

父親は「残忍」だったのか？

前出の西澤教授によれば、面接で、普段は感情を見せない健一が2度、激しい怒りを見せたという。

1度目は、妻の愛子の家出に話が及んだ時。西澤教授がこのことに話を向けると、健一は手を震わせるほどの怒りをあらわにしたという。2度目は月に2回程度しか優紀君を公園に連れていかないのかと指摘した時だ。「だって、仕事があったんですよ」と自らの正当性を主張した。健一には、子どもを置いていった妻に対する意地があったと西澤教授は語った。

西澤教授によれば、健一の妻への怒りは、優紀君を置いていったことが焦点で、自分が子どもの頃に母親に「置いて行かれた」（母親の入院がそれに当たる）ことが重なり、彼自身が「見捨てられた」かのような反応が生じたのではないかということだった。

それもあるかもしれない。だが私は、ケアをするという妻としての役割を果たさないことへの怒りがあるのではないかと思った。一審の冒頭、健一は次のように述べている。

「これから、事件に対する思いを述べたいと思います。息子を、暗い部屋の中、汚いごみの中で長い間放置してしまい、とてもかわいそうなことをしてしまいました。やはり何らかの形で弔うべきでした。深く反省しております。息子は、今でもずっとあのアパートで私の帰ることを待っていると思います。そして、ママではなく、パパの帰りを待っていると思います」

これは、「自分の罪は、優紀君を放置して弔わなかったことだ。だが、自分こそが優紀君のケアを行った者だ」という宣言だ。だからこそ、優紀君を放置した母親を激しく責める。役割を果たさない妻への意地から、ケアを続ける。

一方、法廷で愛子は優紀君を置いて出れば、健一が実家に息子を預けるだろうと思ったと証言している。これは、理屈の通った考え方だ。だが、健一は妻が出て行き、子どもが残されたことを、親には告げられなかった。両親に、家族を維持できなくなったという自分の「マイナス」を見せられない。つまり家族を維持できなくなったということは、隠さなければならない落ち度なのだ。

一方西澤教授へのもう一つの怒りから、健一が、仕事が第一でケアはその次、という強い価値観を持っていたことが感じられる。ケアは女性の仕事で、ケアよりも仕事が重要だという、近代家族の価値規範を健一は強く持っていた。

健一は残忍でズボラな人物ではない。むしろ、融通のきかない生真面目な労働者だ。妻の家出や息子の死という人生で最大級の痛みを体験しても、仕事を休まない。そして、新しい方途を見つけて状況を改善することができない。

だが、法廷では彼の「残忍さ」のみに焦点が当てられ、その不思議さが説明されることはなかった。

この家族が抱えていた見えにくいハンディキャップ

一つひとつは言葉にしにくい困難が、粉々に砕け散った鋭利なガラスのように、この家族に降り注いでいた。

彼らが抱えていた見えにくいハンディキャップは、互いに影響を及ぼし状況を悪化させる。公的支援が入る以外、この家族を助ける方法はなかったのではないか。そう考えれば、優紀君が3歳で一時保護されたとき、児童相談所がその後のフォローを真剣に行わなかったことが悔やまれてならない。

　二審の判決文は言う。

「一人で養育することに困難があったのであれば、公の援助を求めるなど取り得る手段は多く存在していたのであって、知的能力が若干人よりも劣っていたとはいえ、被害児の養育の点以外は通常の社会生活を送っていた被告人にとって、そのような他の手段を求めることが困難であったともいえないことからすると、本件保護責任者遺棄致死の犯情も軽視することはできない」

　多様なハンディキャップを負った人たちの困難を、個人の責任にのみ帰した、国として無責任な判決文としか、私には読めない。彼らはそのハンディキャップゆえに、さらなるハンディキャップを背負いこみ、孤立して支援から遠ざかり、そうしていっそう状況を悪化させる。

　人のつながりが切れやすい時代が到来している。司法は父親である健一を特異な極悪人として、当面社会の枠外に置いた。もっとも力が乏しい人たちから順番に社会から排除されていく。そのような社会の現実が進行する。

第2章

「近代家族」という呪縛

——二つの虐待事件を追って

親としての過剰な「生真面目さ」

わが子を虐待死させるような親は、残酷で、不真面目で、どうしようもない人間である。そんな考え方が一般的ではないだろうか。

私自身、虐待が起きるメカニズムを知る前は、そう思っていた。だが、虐待死亡事件を取材、執筆する中で、事件を起こす親たちには共通して、過剰な「生真面目さ」があることに気づくようになった。

私が最初に児童虐待と向き合ったのは、2000年12月に愛知県武豊町で、共に21歳の両親が3歳の女児を段ボール箱に入れて、餓死させた事件の取材からだ。父親は、大手製鉄会社の子会社の正社員で、母親は専業主婦だった。

この事件は、児童虐待防止法が施行されて1カ月もしないうちに起きた。私は、NHKの依頼で、地域の公的機関がこの親子の存在を知りながら、なぜ救えなかったのかを検証するために現地に入った。

その2年前の9月、19歳だった父親は、同い年の母親が生後10カ月だった娘の足を持ち軽く揺らして遊んでいるところに割り込んで、その足を持って体全体を激しく揺さぶった。

その揺さぶり方は母親が怖くなるほど激しく、娘も泣き出した。父親が手を離した後も娘は泣き続けていたが、やがて急に泣き止んだかと思うと痙攣を始めた。父親がなぜ、そのような行動に出たのかはわからない。

救急車で病院に運び込まれた娘は、急性硬膜下血腫と硬膜外血腫の合併症で、軽微な脳挫傷も併発していた。その後、急性硬膜下血腫が慢性硬膜下血腫に移行したと診断され、手術を受けた。入院は37日間に及んだ。

新生児や乳幼児の頭が激しく揺さぶられることで頭蓋骨の中で脳が大きく動き、内出血などを起こすものをSBS（Shaken Baby Syndrome「乳幼児揺さぶられ症候群」）という。これは、「高い高い」などの通常のあやし方で発症することはまずなく、児童虐待の症状の一つであるとする考え方がある。

入院の間、母親は熱心に娘に付き添った。泊まりを代わってもらったのは、自分の父親に1度だけ。夫が泊まりに来た時には簡易ベッドを明け渡し、自分はバスタオルを床に敷いて寝た。当時、彼女は19歳、二番目の子どもを妊娠していた。

退院後も、家から病院までの長距離を、バス代を節約して自転車で通い、医師に言われた通りに受診させた。この時期、家族が増えることを考え、家計簿もつけている。こうした働きは、母としての熱心さと「生真面目」さだ。

一方父親は、職場では、まだ若く給料はあまり高くなかったが、評価は受けていた。後に収監されたあとも仕事のことを気にしていた。彼にも仕事に対する「生真面目」さがあった。

孤立無援の中、怒りをぶつける先は娘しかいない

妻は10代で長女を出産したが、それよりも前に、夫の母親の強い反対で一人目の子どもをおろしている。妻は義母に強い反感を持っていた。

退院後、娘に発達の遅れが出た。父親はその頃から、娘を邪険に扱うようになる。家ではゲームに没頭した。裁判でこの父親は、小学校の頃からいじめなど嫌なことがあったときは、ゲームに没頭してやり過ごしてきたことが明らかになっている。母親は、思い通りに成長をしない娘に悩み、家に様子を見に来る保健師に、会わせなくなった。

同じ頃、長男が生まれたが、夫婦は発達の良い長男を可愛がり、長女を疎ましく思うようになった。娘を家族が過ごす居間ではなく、北向きの3畳間に閉じ込めて育てるようになる。

夫の母親が突然家に来て、長女を自宅に連れ帰ったことがあった。祖母の家で過ごすと長女は発達を見せ、祖母に懐く。母親はその娘に、祖母への憎悪を重ねてさらに疎ましく思う。家族内の人間関係が子育てを難しくする。親の愛情を得られない娘は、あまり食べず、痩せていく。

それを見た母親は、いったんは自分の子育てを反省し、娘を連れて病院に連れて行った。そのとき診察した医師は虐待だと判断がつかず、公的支援につなげることができなかった。夫は裁判で、「男性は仕事、女性は家事育児」という強い役割分担意識を繰り返し表明した。夫に子育ての相談には乗ってもらえなかった妻は、さらに育児意欲を低下させていく。彼女は幼いときから、実母からネグレクトを受けており、困難なときに助けてもらったことがない。実母にも危機を伝えられない。

孤立無援の中で、買い物依存が起き、訪問販売から、高額の布団をローンで購入してしまう。状況が悪化する前には、訪問販売を拒否することはできていた。やがて、消費者金融の返済が滞る。裁判所から呼び出しがあり、夫と大げんかになる。不安のなかでさらに日常生活への意欲を低下させ、家がゴミ屋敷の状態になった。しかし、その事実を認識する力も失っていく。

娘が逆らう態度を示すと、夫婦は娘の行動を規制するようになる。娘を段ボール箱に閉じ込めた。言葉にならない周囲への怒りが無意識に娘に向かう。夫婦が力を及ぼすことができる対象は、わが子のみだ。親の関心を失って食べなくなった娘は、やせ細り、段ボール箱の中で、絶命した。

虐待をする母親の病理

私は若い両親の背景を知る中で、現代の親たちが体験している子育ての困難が、集中的にこの家族に覆いかぶさっていると感じた。つまり、義理の母親との関係、実の親との関係、夫婦間の信頼関係、子どもの発達の遅れ、周囲の子育て中の親たちからの孤立、経済問題などだ。

番組の放映後、さらにこの両親の背景を取材した。拘置所の両親に面会し、手紙のやり取りをした。当初、同じ母親として、時代の子育てに関する空気感を体感していた私は、この母親に強く自分を重ねていた。私は１９９６年に息子を生んだのだが、それはこの事件で亡くなった女の子よりも1年早かった。

だが、さらに事件を追うなかで、子どもを虐待死させてしまう母親と自分を単純に重ねてはいけないことに気がついた。それは、この若い母親が拘置所内で書いたノートを読んだためだ。

逮捕された当時、この母親は妊娠していたが、お腹の子を亡くなった子どもの生まれ変わりだと書いていた。2人の子どもを育てながら、夫と仲良く4人家族で暮らすのだと夢を語った。子どもを死なせたというリアルからは遠かった。私はこの母親の深い病理性を理解した。

彼女自身、幼い時に想像を絶するほどの孤独や飢えを体験していた。中学卒業後に就職し、工場で働きながら定時制高校に通い始めた彼女は、新生活が始まって1カ月あまりした頃、性被害にあってしまう。まだ15歳だった。しかし、十分なケアを受けられなかった彼女は、そのまま仕事も高校での学びも止め、地元の暴走族に参加する。この頃、高校生だった夫とポケベルの遊びを通じて出会っている。

困難な生い立ちを抱えている者は、危機をかわせず、さらなる困難を抱えてしまう。さまざまなことを人と共有できなくなり、周囲から自分自身を隠してしまう。病理的なメカニズムが病的な孤立を呼び起こすのだ。

そこを理解できたことで、『ネグレクト　育児放棄――真奈ちゃんはなぜ死んだか』（小学館文庫）が完成した。

国家と個人

この事件の取材を終えた私は、後に『移民環流　南米から帰ってくる日系人たち』（新潮社）にまとまる、労働者として来日した日系ブラジル人のコミュニティで生活する人たちについてのルポルタージュに取りかかった。

労働者として新しく入国してきたニューカマーの子どもたちが、学校に通わず放置されていた。外国籍の子どもたちに対しては教育は国の義務ではないのだ。国内で、初等教育すら受けられないまま、放置されている子どもたちがいることに驚いた。

資本主義が高度化する中で、人材が世界規模で流動化している。時代は後戻りできない。それにもかかわらず、日本は外国人受け入れのための移民政策をとらず、来日した外国人労働者たちが社会保障や教育制度をもたない過酷な生活状況に置かれていた。

10円でも高い時給の仕事を求めて職場を変わる人々が作るコミュニティでは、人のつながりが極端に希薄になる。人が労働力として商品化されるとき、コミュニティは形成されにくい。

また、子どもを学校に登校させることができた場合でも、子どもに何かあっても、非正規就労の親は仕事を自由に休めるわけではない。大人が傍にいないまま育つ子どもたちの孤独。学校でのいじめ。それは構造的なものであり、最も弱い子どもたちにしわ寄せがいっていた。

日系人労働者が集住する地域の小学校の校長は、私に次のように語った。

「外国籍の子どもたちは日本の学校の中で、劣等感を感じている。親の職業、日本のことがよくわからないこと、日本語が十分に使えないこと、勉強ができないことなどの劣等感です。これをクリアできるのは、力が強く、能力が高いごく少数の者だけです。子どもたちは、何をやってもうまくいかないということを学び続け、その結果何もする気が起きなくなる。学習性無気力になるんです」

社会の一員として認められないことにより、どれだけ成長する力が削がれてしまうのか。共同体の一員でいたいと願いながら、安心してそこにいられない子どもたちの痛みを感じた。

その一方、『移民環流』を書くことで、私は国家というものについて考えることになった。確固としたものだと思っていた「国家」「国民」「文化」の関係がこれほどあやふやなのかと驚いた。

来日した日系人たちに聞いた話では、かつて南米に渡った両親から生まれた子どもは、期間内に日本大使館などに出生届を出せば彼らは日本の国籍がもてる。だが、町から離れた土地に入植するなどして、期日内に出生届が出せなければ、移民先の国民になったという。国籍が人を守る力はとてつもなく大きく、彼らが来日した場合、国籍がなければ、軽い罪でも生活基盤を失う。

日本人と結婚して帰化した外国人女性が、離婚して、別の国籍の男性と結婚し、家庭を持つこともある。すると日本の言葉を話さなくても彼らは日本人になる。

取材に行ったブラジルの日系人社会で、日本人だと自認している人の意識は、私の日常との間に大きな隔たりがあった。私は自分自身が日本人であることにそれほど強い誇りを持っていなかった。

さらに気がついたのは、ニューカマーの子どもたちが、将来も日本社会の一員として暮らしていくという当たり前の事実だった。自尊感情の乏しい彼らが、社会を生きる力を獲得できないまま大人になることは、本人にとって、そして日本社会にとって、いいことだとは思えなかった。

そうした現状に繰り返し触れたことで、国家と個人の関係は、流動的なものだと知った。だから国家はその地域で暮らす個人を守る制度とならなければならないのではないか。そう、明確に考えるようになった。

完璧な母であれ

武豊町の事件から10年後、2010年7月に大阪市西区で、3歳と1歳の姉弟が、近くの風俗店で風俗嬢として働く23歳の母親に50日間放置され、変わり果てた姿で発見された事件を取材した。

取材をしたいと思ったのは、武豊町の事件では、虐待事件が家庭の中で起きているのに対して、2000年代半ばくらいから起きる虐待死事件の多くが、いったん夫婦が別れ、子どもを連れた女性が新しい男性と出会う中で起きているように感じたからだ。『移民環流』を書く中で知った、在日外国人労働者のコミュニティで起きている、産業化が極まった状況が、日本社会全体に広がっているのではないかと感じるようになっていた。

この母親も、武豊町の事件の母親と同じく「生真面目さ」が際立っている。

母親が20歳、21歳の頃に専業主婦として過ごした町を歩くと、「子育ては、若いのにしっかりしていた」という声が聞こえてきた。夫の実家は三重県四日市市内の農村地域にあり、家父長制の価値観も強く残っていた。夫は長男だった。そんな中で、彼女は布おむつに母乳の子育てを実行していた。裁判に出廷した元夫も元姑も、家事育児はよくやっていたと評価した。しかし裁判で彼女への処罰感情を問われると、元夫は「刑務所の中で一生過ごしていってほしい」と言い、元姑は「極刑を望みます」と答えている。

子育てのかたわら、実父の仕事も手伝った。この時期の彼女は、当時住んでいた町がもっていた公的な支援メニューをすべて使っていた。ママサークルの中心的メンバーの一人でもあった。私はこの当時の彼女の完璧な生活ぶりに圧倒された。

ただし、この時期、すでに消費者金融などに借金をしていた。裁判でなぜ、生活費が足りないと夫に相談しなかったかと尋ねられて「良い奥さんだと思われなくなるから」と答えている。この母親が良い奥さんだと思われるために、日常を組み立てていたことがわかる。

さらに二人目の子どもが生まれて、唐突に彼女の浮気が始まった。困った夫が招集した家族会議の席で、たった1日で離婚が決まる。養育費も支払われていない。出席していたのは、夫とその両親、彼女の父親とその恋人の6人だった。この席上、彼女は次のような誓約書を書いた。

・子どもは責任をもって育てます。
・借金はしっかり返していきます。
・自分のことは我慢してでも子どもに不自由な思いはさせません。
・家族には甘えません。
・しっかり働きます。
・逃げません。
・うそはつきません。
・夜の仕事はしません。
・連絡はいつも取れるようにします。

働きながら2歳と生後7カ月の子どもを育てる22歳のシングルマザーには、無理がある内容だ。

裁判で誓約書を書くことになった経緯を問われて、自分の意思で書いたものではなく、

「そこにいた皆から言われた気がした」と証言している。一家の跡取りとなる息子を育てていたはずが、子育ては、母親一人の責任にすり替えられ、すり込まれる。

この誓約書の内容が母親を縛ったのではないだろうか。約束を守れない母親は、子育てがうまくいかなくなったとき、自分の困難を元夫側や父親側に詳しく伝えて、助けを求めることができなかった。

受け入れたくない現実から目をそらす

この事件の母親も、幼いときに実母からのネグレクトを受けて育っている。実父は離婚後、シングルファザーとして3人の娘を育てる一方、仕事でも高い評価を得ていた。私の取材に対して実父は、「食事をしっかりさせて、親の後ろ姿を見せておけば、子どもは育つと思っていた。娘の悩みをじっくり聞いてやることはなかった」と語っている。

この母親は、小学校時代までは実父の自慢の娘だったが、中学時代に非行化した。中学時代、家出を繰り返し、友達や先生とも安定した関係が作れなかった。激しい性的な行動があり、輪姦体験もある。14歳でのすさまじい性被害だったが、私の取材に、父も学校関係者も知らなかったと答えた。非行仲間から彼女のケアをしたという声は聞かれなかった。

こうした環境下で、この母親には解離性障害の傾向があった。厚生労働省のホームページには「解離性障害とは自分が自分であるという感覚が失われる状態」「つらい体験を自分から切り離そうとするために起きる防衛反応」とある。幼い子どもが、命にかかわる危機に直面し、それを体験しているのは自分ではない、別の誰かだとすることで、生き延びていく身の処し方ともいえる。

そうした生き方を身につけると、思春期になっても、自分の向き合うべき課題と直面できなくなる。同じく厚労省のホームページには「治療では、安心できる環境にすること、家族や周囲の人の理解」が必要だとあるが、この母親の生育歴はそのような環境ではなかった。

この母親は、離婚後、名古屋のキャバクラで働きながら子育てをしたが、子どもは思いがけず熱を出す。なかなか思うように稼げなかった。自分自身が新型インフルエンザにかかったと思った時、元夫や自分の父親に助けを求めたが、急には子どもは預かれないと断られた。息子の1歳の誕生日には、元夫からも、誰からも連絡がなかった。地域の古くからの家の長男の大事な一人息子なのに、である。このことについて母親は「私たちのことはなかったことにしたいのかと思いました」と法廷で述べている。

その1週間後に恋人を作り、子どもだけ家に置いて恋人と過ごすようになる。元家族には頼れないと自覚した時、男性に頼ることで生き延びようとしたのだ。この時期よりも少し後、公的機関に子どもを預けたいと1度だけ連絡をしているが、支援にはつながらなかった。

さらに、大阪の風俗店に移り、働き始める。子どもたちは託児施設に預けず、部屋に置いたままだった。10代で性暴力を体験していた母親は、客から本番行為を求められると受け入れた。もちろん、本来は拒否できる。だが彼女は、性的な場面で、拒否をすればさらに強い暴力にさらされるという経験をしている。性的アプローチを受け入れてやり過ごすことが彼女の身の処し方だった。

つまり、この母親にとって風俗嬢として働くことは、繰り返し性被害を体験することに等しいことだったと推察される。

その間、ホスト遊びに手を出し、金が返せなくなる。SNSの中ではおしゃれで楽しげな生活を表現する一方で、風俗店の寮に子どもたちを隠すように置いて、男性の元を転々とした。借金の取り立てから逃げるという意味もあったのではないか。ネット上で楽しげな姿を示すのは、仲間たちから落ちこぼれたくないという彼女の強い思いの表れだろう。

彼女はだめな自分を示して、周囲にSOSを出すことができなかった。

50日間放置されて、子どもは亡くなった。

私はこの母親が、最後まで自分が母親であることにこだわった点に着目した。彼女が母であることに価値があると認識し、その考えから離れられなかったことが、我が子を隠したことに通じていた、と思えてならなかった。

私たちの社会は、母なるものは子どもを育てなければならない、という規範がこの上もなく強い。母であることができないときには、できない自分を隠してわが子とひきこもる。ときには子どもを置いて逃げ出す。

この事件を元に私が『ルポ　虐待　大阪二児置き去り死事件』（ちくま新書）を書き上げたのは、取材を始めてから3年が過ぎた、２０１3年秋のことだった。


社会に不信感を抱きつつ、その規範に過剰に従う

子どもを虐待する親たちは、まるで難民のようだ。

破綻した夫婦関係の中で、子どもを育てるための足場を失い、本来自分たちを守ってくれる制度はあるのに、支援を受けられずにいる。

彼ら彼女らは、自分から社会の制度にアクセスすることはとても少ない。制度があっても見えないからだ。

武豊町の事件と大阪の事件の2人の母親は、過剰な「生真面目さ」という点でよく似ていた。そういえば厚木の事件を起こした健一も、何重にも重なるハンディを抱えながら、自己流ではあるにせよ、与えられた場で精一杯仕事と子育てを両立させようとした。それは「生真面目さ」以外の何物でもない。

この3人に共通するのは、自分自身の苦しさやつらさを感じ、そこから主体的に助けを求めるのではなく、社会の規範に過剰なまでに身を沿わそうとして、力尽きてしまう痛ましい姿だ。本来なら到底実現できようもない目標を自ら設定し、達成しようとする。

3つの事件の親たちの背景をみれば、全員が子ども時代、ネグレクトや暴力的な環境で過ごしている。子ども時代には周囲の大人たちに、十分に自分の気持ちや意見を聞いてもらえないまま育った。育ちの過程で強い社会への不信を抱える。社会への不信は、自分への不信でもある。人に尊重されることを知らない。自分が周囲にものを言っていいということを知らない。環境を変える力があることを知らない。

その上でもっとも力が及ぼしやすいわが子を思い通りにしようとする。虐待を受けて育った人たちの3割がわが子を虐待するとされている。虐待の世代間連鎖といわれる問題だ。西澤教授（第1章）によれば、子どもを虐待死させてしまう親の場合は、100パーセント虐待を受けて育っているという。

自尊心が低下した親たちは、身の回りで最も強く流通している価値観をなぞろうとする。その規範から出ていくことができなくなる。

近代家族の誕生と現代社会の病

1945年の終戦当時、日本人の半分近くが農業に従事していた。家族と産業が分かち難く結び付いており、家族とは家業や財産を次の世代に伝えていく装置であり、次世代を育てていく器だった。そこでは、子どもは早い時期に労働力になった。子育ての方針は家長が立て、家族全体で子育てを担った。若い母親は大切な労働力だった。

戦後、産業化が急激に進む中で、地方の農家の次男以下が労働力として都会に集まるなど、急激な人口の移動が起きる。

当時の男性たちは、会社員になれば、会社の成長と共に昇進し、給料が増えた。未来の生活の豊かさが約束されていた。結婚は、田舎の親たちが見合い相手を連れてくる。夫が家族を養う収入を得て、妻は家事・子育てといったケアの部分を担う「近代家族」が形作られた。

男は家族を持って一人前。女性は生涯の伴侶を得て、人生が決まる。そうした社会構造と文化が確立する。子育ての全責任は母親がもつ、母子密着の孤独な育児が始まった。一方で、家族を持てないことは、「世間」の規範から大きく外れる存在となる。１９７０年代まで、男性の生涯未婚率（50歳まで一度も結婚をしたことがない人の割合）は２パーセント台に留まっていた（その後急激に上昇し、最新の２０１５年国勢調査では、過去最高を更新する23・３７パーセントとなった）。

国家の福祉は個人を対象としたものではなく、家族を対象とし、企業がその多くを担うものとして設計された。企業単位、あるいは業界単位の健康保険で扶養家族も一括保障され、年金も夫婦単位で設計された。次世代の育成を含め、夫婦単位で労働力を社会に提供することが求められた。

文科省「学校基本調査」によると、高校への進学率が９割を超えたのは、74年度のこと。学校を通じて人が選抜される時代になった。

他者の評価により人の価値や地位が決まる。外からどう見られるかが重要になり、コミュニケーション力が人の価値を決める。社会の一員となるためには、評価され、肯定されることが必要になった。

自分は正しい子育てができているかどうかと怯える育児不安や、友達からの評価にさらされることによる不登校が起き始めるのは、そんな時代を迎えてからだ。これらの現代社会の「病」が近代家族の完成期に始まっていることは偶然ではない。

評価と無関係に生きられないことが、圧倒的な生きにくさを生む。2人の子どもを餓死させた大阪の事件の母親は、子どもたちを放置している間、SNSで自分の日常を表現していた。韓流俳優のような恋人ができた、髪を染めた、スポーツバーでサッカーのワールドカップの応援をした……などと、楽しそうな毎日の様子を投稿し、仲間から返信を得ていた。

なぜこの母親は、楽しく遊んでいる自分をSNSで表現し続けなければならなかったのか。それは、この彼女が共同体を失うことを恐れていたからだ。SNSの中であれ、共同体に居続けることが最も重要なことだと彼女が感じたとしても、まったく不思議ではない。人は共同体を求める存在だからだ。

そして、現代社会では、私たちが共同体にとどまるために何よりも必要になるのが、他者からの評価だ。

虚構の自分を見せ、コミュニケーションをとることで、彼女はかろうじて共同体の一員としての自分を確保していた。その一方で、リアルな困難には向き合えず、子どもが亡くなった。

母としての役割

私は一度だけ、この大阪の事件の母親に会ったことがある。

それに先立つ取材で、子どもたちの遺骨がある元夫の実家を訪ねた時、仏前にお供えをさせてほしいとお願いして、お菓子を受け取ってもらったことがあった。

そのことを本人宛の手紙に書き、その後大阪の拘置所を訪ねた。アクリル板の向こう側の彼女に、「なぜ、私に会ってくれたのですか」と尋ねると、「子どもたちにお菓子を供えてくださったから」と答えた。その時の仕草は、子どものために礼を言う若い母親そのものだった。母としての役割で私に出会ったのだ。母としての役割が彼女のまとった鎧だった。

まだ専業主婦だったときの彼女はしっかり子育てを行っていたことがわかっている。住んでいた町が用意している子育て支援のプログラムをすべて使うなど、母親として完璧であろうとしていた。それなのに、自分の浮気がバレて離婚し、子どもを連れて家を出てからは、ほとんど行政に頼ろうとしていない。

自分自身に価値があると思える時には、公的な支援を使うことができた。だが、離婚して主婦ではなくなった時に、児童扶養手当の申請も途中でやめてしまった。当時の制度だった子ども手当と児童扶養手当を合わせると、月に6万6710円を受け取ることができた。だが、引っ越した先の町では、その手続きを完了させることなく、名古屋市内のキャバクラに仕事先を求め、移動していったのだった。

家族規範から降りた母

社会の求める家族規範からは自由になり、それでも親であり続けるという選択肢はあるのだろうか。

4人の子どもの母親である、Aさん（40歳）に出会った。小さな出版社で正社員として働き、10歳の女の子と8歳の双子の男の子と3歳の女の子がいる。上の3人は前夫との間の子どもで、平日は前夫と一緒に隣町に住む。学校行事にはAさんも行く。学校には離婚をして別々に暮らしていることなど、大雑把な状況と自身の連絡先は伝えてある。

一番下の娘は現在の夫との間の子どもで、平日は3人で暮らす。3DKの公営住宅だ。毎週土曜日の朝に、上の3人の子どもたちを車で迎えに行き、実母の住む公営アパートを拠点に遊びに行ったりして過ごす。実母宅には子ども3人分の着替え一式、パジャマ、食器類、歯ブラシが揃えてある。

3軒は、それぞれが互いに車で10分のところにあり、Aさんは、子どもや前夫、現在の夫、そして自分の母親と連携を取り合いながら子育てをしている。

Aさんが離婚をしたのは、5年前だ。双子の息子たちが3歳になる直前だった。離婚の理由は「現在の夫に出会ってしまったから。交通事故みたいなもの」と言う。

「前の夫は、いい人です。家事もよくやってくれました。申し訳なかった。それでも、人の気持ちは変わってしまったら、もう動かせないんですね」

Aさんは大学卒業後、1年間のロシア留学を経て、非営利団体に就職。同時に、大学の先輩であった前夫との結婚を決めた。30歳で長女が生まれ、32歳で双子の男の子が生まれた。産休明けの1年目は髪を振り乱して仕事と子育ての両立を図ったが、2年目にはだいぶバランスが取れるようになった。

「でも、何だか、引かれたレールの上を走っている気がしたんです」

この頃、長女の反抗が始まった。何よりも保育園のお迎えが大変だった。

「私の顔を見るとピューッと逃げていって、どこかに隠れてしまう。見つけ出して帰ろうとすると、ママ嫌い。パパに迎えにきてほしいと叫ぶんです。毎日、毎日、迎えに行ってから1時間は保育園を出られませんでした。他の子たちは、迎えに来たママに嬉しそうに駆け寄って行く。娘から、ダメなママだと責められている気がしました」

とても辛かった。だが、長女とのバトルが続くうちに、次第に考え方が変わっていった。

「娘の気持ちは力ずくで変えることはできない。でも私は娘が好きだし、自分の子どもだし、そのまま受け入れていくしかない。誰かを心から愛するというのは、容易なことではないということを学びました」

マイナス評価も受け入れられる自尊心

現在の夫と初めて会ったのは職場の研修だった。数日間、隣に座った。おしゃべりをしていたら、突然、「夢は何?」と聞かれた。夢を見失っていることに気がついた。そしてAさんは、恋に落ちた。

Aさんには夫と子どもがいるのだから、身を慎まなければという意識はあった。しかし、プロポーズされ結婚を考えはじめた。間もなく二人の関係は当時の夫に知られることになり、激しい怒りを示された。

この関係は職場にも知られて問題になり、「婚姻関係の維持は重要だ、別れるように」と申し渡された。表向きは別れたことにしたが、もはや前夫とやっていくことができなくなった。

もっとも離婚をすることが、子どもたちの母親をやめることだとは思わなかった。それには、現在の夫が、自分と結婚することと子どもの母親であることを両立させるにはどのような生活をすればいいかと考えて、繰り返しAさんに提案してくれたことも大きい。女性であることと、母親であることを切り離す必要を感じなかった。

Aさん自身も、これはと思う人たちに相談した。家庭を壊して、子どもたちから父親を奪うことになる、母親失格だと非難されたこともある。そんなことはよくあることだと言ってくれた保育園のママ友もいた。その人はテレビ局に勤めていた。

Aさんが、子どもをネグレクトしてしまう親たちと違うのは、臆せず周囲に相談したことだ。多様な考え方に触れて、自分の心を確かめ、他の人たちがどのように考えるのかを確認した。Aさんにはマイナスな評価を得ることも受け入れられる自尊感情があった。

現実から目をそらさずに未来を作り出す

離婚が決まった後も、下の子どもたちが3歳になるまでは、同じ家に住みたかった。そして双子の誕生日の直後、家を出た。保育園に事情を話し、お迎えは続けた。平日は元の夫の家で彼の帰宅まで子どもたちの世話をし、週末には子どもたちと実家で過ごした。

1年半後、妊娠した。妊娠検査薬に青い線が出た時には、声をあげて泣いた。うれしかったのではない。なんとかバランスを取っている生活が、続けられなくなる。子どもたちと生活できなくなる。まず、そう思ったのだ。

中絶に心が決まりかけたころ、公園で一緒に遊んでいた長女がこんなことを言った。

「ママ、離婚をしたの？ もういっかい結婚したら赤ちゃんが生まれる？ 今度は妹がいい」

この長女の言葉で出産を決めた。

「もし、おろしたら、将来、この、長女の言葉が辛い思い出になる。それは嫌だなと思いました。ここまできたら産んでいいという神様のメッセージだと思いました」

現在の夫と籍を入れたのは、出産直前だった。出産後しばらくして、職場から呼び出され、Ａさんも現在の夫も自主退職を求められる。家庭を壊したものは罰せられるという社会規範は強かった。

出産と同時に、職探しが始まった。元の夫に慰謝料を支払ったこともあり、経済的に困窮した。３万円の養育費に長女の学資保険の掛け金、習いごとの費用や時々の臨時出費は折半することを離婚時に取り決めていた。それを守るためにも安定した正社員として働きたい気持ちが強かった。

しかも、生まれた子どもを保育園に入れる手続きのために、すぐに仕事を見つけなければならない。元上司、知人、友人を頼り、なんとか現在の職場に行き着いた。経済的には、一時期夫の実家からも支援を受けた。それに加えて、社会保障はありがたかった。

「正社員だったから、自分を通すことができたのだと思います。たとえ解雇されても失業保険があるという安心感。切迫流産になって仕事を休んだときは、社会保険から傷病手当金が出た。正社員の身分があったから、この厳しい保活事情のなかで、保育園に入れることもできた。どれか一つが欠けても、今の生活は難しかったと思います」

慰謝料を払うことも含めて、社会のルールには従いつつ、現実的に未来を作ろうと努力した。それがAさんの強さであり、力だ。

わが子をネグレクト死させた親たちは、現実をもとに未来を作り出す力が弱く、現実を見ないようにすること、逃げ出すことで、つじつま合わせをしようとする。

武豊町の事件の両親も、大阪の事件の母親も、そして厚木の事件の健一も、現実に向き合えずに、愛し合う家族があるふりをしていた。だが、空想に生きている親の元では、現実を生きる子どもは傷を負い、時には命を失うことになる

それは、親たちの罪というよりも、持てる力の弱さだ。

家族を「所有」せず、自分自身を大切にする

取材当日、Aさんは3歳になる一番下の娘を車に乗せて、私を最寄り駅まで迎えにきてくれた。その娘は、見知らぬ私に不機嫌で、声をかけても知らん顔。しかも、12月の寒さの中、半袖姿だ。

「保育園でももっと着せてくださいと言われるんだけれど、着ないのよね」とAさんは微笑んだ。子どもを無理にお行儀良くさせようとはしない。子どもの心の中で渦巻いているさまざまな思いを、柔らかく受け止めているようだった。

私には、Aさんにしてみたい質問があった。親が子どもを思い通りにできると思う、「所有感」をもっているか、ということだった。「所有感」が家族の役割分担、規範に関わるように思えたからだ。

親が子どもを所有する。だから、子どもには思い通りに動いてほしい。あるいは夫が妻を所有する。自分は給料をとってくるから、妻には、家事をきちんとしてほしい。子育ても任せた——。

「前の結婚では、所有感はあったと思います。だから、保育園で長女が思い通りにならない時、とても辛かった。なんとか言うことを聞いてほしかった。前の結婚では、夫にも、私を妻として所有しているという気持ちがあったのだと思います。私もそうだったので、お互いさまですが。そういう中にいることがどこか退屈だったのかもしれません」

子育てについて、こんなふうに言う。

「子育てについての社会の目標は、子どもたちが自己肯定感をもって、基礎教育を身につけて、自分で歩けるようになることだと思うんですね。一夫一婦制で生活してそれができるなら、そうすればいい。でも、そうではないかたちでも、同じ目標地点にたどり着くことはできると思います」

Aさんの現在の生活は、子どもの成長を皆で見守りながら、親自身も自分を大事にして、生活を組み立てていくプロジェクトともいえる。

*

わが子を虐待死させた親たちは、困難に行き当たって状況が悪化した時、まず、一番思い通りになるわが子のコントロールを始める。孤立した彼らにとって、周囲の人や環境を動かすよりも、自分の力の及ぶ範囲にいる幼な子を動かす方が簡単だからだ。

だから、自分の手の中にあるはずの子どもが思い通りにならない時、激しい怒りがこみ上げる。武豊町の女児が段ボール箱に入れられ、一時期手足を縛られたのはそのせいだ。あるいは、大きな体の男が幼な子に信じられないような暴力をふるうのもそのせいだ。

彼らは、社会の規範を動かしてもいいという認識は持てなかった。つまり、規範を守らない人たちなのではなく、既存の規範から抜け出せないのだ。

自分たちを大事にすることを誰からも教わらなかった。

グローバル経済が生み出す格差社会の中で、労働と子育ての両立を家族単位で求められてきた。当初は夫婦の役割分担として。その後、一人ひとりの自助努力として。

生きる力がある人たちは、そんなことは無理だと言い、知恵を絞る。周囲の力を借り、経済力を使い、公的支援を使い、自分の願いを実現する。だが、力の乏しい人たちは、周囲を動かすことができず、唯一思い通りになるわが子を痛めつけ、自滅する。

武豊町の事件の両親は懲役7年の刑期を経て、すでに出所している。

大阪の事件の母親は子ども2人が亡くなったことで児童虐待としては突出して重い懲役30年の判決が確定し、現在服役中だ。

第3章

国家と家族のあいだで

――「満州女塾」再考

家族は国家のために

ルポライターという仕事を続けるなかで、ある時期から、私は自分自身を楽にするために書いていることに気づいた。事件や出来事を追いながら、自分の生き難さは、社会の構造の中から生まれていることに気づいたのだ。同時に、ひどい事件に巻き込まれたり、身動きが取れなくなっている人たちは、同じ構造に苦しみながら、私より不運であったり、より厳しい環境の中で、苦しんでいるのだということも理解するようになった。

社会の構造とは、国家と家族と自分の関係でもあった。いつの間にか、家族問題をテーマにしていると言われることが増えた。

国家と家族と自分の関係を知ることで、自分の生き方が変わることを知ったのは、最初の著書、『満州 女塾《まんしゅうじょじゅく》』（1996年、新潮社）を書いたことによる。この本の取材を始めて、出版するまでに6年かかっている。その間に、結婚し、息子を出産した。

『満州女塾』は、国策で満州国内に作られた開拓女塾の卒業生たちについてのルポルタージュだ。歴史を調べ、取材をする中で、国が当たり前のように家族を植民政策の道具として使うことを目の当たりにした。理不尽だと腹を立てながら、私は取材を進めていた。

1932年、日本は植民政策の一つとして、中国東北部に「満州国」を作った。清朝最後の皇帝溥儀が執政（のち皇帝）となり、「王道楽土」「五族（漢、満州、モンゴル、日本、朝鮮）協和」をうたったが、実態は大陸への権益拡大を進める日本の傀儡国家だった。

国はそこに、敗戦までに32万人の開拓民を送り込んだ。当初は貧しい農家の次男、三男が中心だったが、37年に日中戦争が始まると、彼らは軍に動員されることになり、成人男性が足りなくなる。そこで今度は16歳から19歳の少年たちが集められ、満蒙開拓青少年義勇軍として送られることになった。その数は全国から約8万6000人に及んだ。

その義勇軍の妻を養成するために、満州には17（44年度当時の計画数）の「開拓女塾」が作られた。国策として日本各地から10代から20代前半の女性たちが集められ、満州に渡ることになった。彼女たちは、たいてい地方の農村出身で、父親がいなかったり、土地が痩せていて貧しかったりするなど、恵まれていない家庭の生まれが多かった。農村は、兵隊にしろ、国策を実行するための人材供給地だ。ただし、家族のためにすぐに働かなければならない最下層の娘たちではない。

もっとも満州国に渡った彼女たちの多くは、そこで結婚を強いられることを知らなかったという。彼女たちは、お国のためという大義名分に頼り、今の生活を変えたいという願いをもち、志願していた。彼女たちが社会の役に立ちたいと思い、志願した先で結婚を強いられた事実に、若かった私自身の社会の役に立ちたいという思いを重ねた。

弱さをもつ者を育てるということ

1996年5月、息子を出産した直後、産院にこの本の見本が届いた。

息子を出産したのは早朝だったが、真っ赤な顔をして泣いているわが子を一目見て「ああ、やっと会えた。こんなに長い間、お腹の中に向かって話し掛けてきた子は、君だったのか」と思ったのを覚えている。その日、1日の時間が異様に長かった。後から、新生児の感じる時間を母親も感じつつ過ごすのだという話を聞いた。事実かどうかわからないが、この世ならぬ時間の流れだった。

生まれたばかりの息子を抱き、お乳を飲ませ、ひどく誇らしい気持ちだった。

その一方で、しばらく現実対応能力は格段に落ち、出版後の事務作業がひどく辛かった。細かいことを詰めて考えることができないのだ。

子どもを育てることになって初めて知ったのは、子どもを抱えるということは、社会の仕組みの中で、弱い側に組み入れられるということだった。

子どもを抱いていては、混雑した急行電車には乗れなかった。各駅停車で座っていく。子どもが大泣きしたら電車を降りた。息子のためでもあったが、周囲に迷惑をかけないためでもあった。

それまでいつも前のめりに電車に乗っていたことに気づいた。少しでも早く、少しでも時間を節約したい。フリーランサーとしてそんなことを思っていた。

弱さをもつ者を育てるということは、弱い立場に立つということだ。そしてそれは、自分と関係なく社会が動いていると理解することだった。このころの私には、鉄道会社が莫大な予算を投入して、線路を高架にして、通勤列車が5分早く終着駅に着くことに、あまり大きな意味はなかった。

そんな日々、改めて『満州女塾』の取材で出会った人たちのことを考えていた。

この本では、20人ほどの女塾体験者にインタビューをしていた。なぜ、10代から20代の初めに満州国に行こうと思ったのか。現地でどのような生活を送ったのか。敗戦時にどのような体験をしたのか。戦後はどのような人生を送ったのか――。

どの女性たちも、敗戦時の体験は悲惨なものだった。

社会制度が壊れた時、若い女性たちにとって、性は生き延びるための手段になる。親に殺される子どもたちが続出する。

大陸の花嫁

山中幸子《さちこ》さん（仮名）は秋田県の貧しい農家の出身だった。昭和恐慌で家が傾き、11歳で豊かな農家に子守に行った。自分の家でも、子守に行った先の豪農の家でも、嫁と姑の争いがあった。体を使って存分に働きたいという思いはあったが、「農家の嫁」にはなりたくなかった。

そんなころ、「大陸の花嫁」を募集していると聞く。半分破れかぶれ。社会や時代の様々なしがらみから自由になりたいと思った幸子さんは、20歳のときに満州行きを決めた。

1942年6月14日。東京の神宮近くにある日本青年館に53人の10代から20代前半の娘たちが集まる。みな制服に制帽姿だ。植民地の統治を管掌する拓務大臣の出席のもと、壮行会が華やかに執り行われた。

翌日に靖国神社、明治神宮、皇居を回った後、夜行列車で京都府舞鶴市に向かう。ここでも盛大な壮行会が祝われ、軍楽隊が演奏する「蛍の光」に送られて出港した。

折しもミッドウェー海戦の1週間後。戦局が揺らぎ始めていたが、もちろん娘たちは、何も知らされていなかった。

ある取材相手は「そういう送り出しの中で、簡単に帰ることができないという気持ちになっていくんだ」と振り返った。

船が朝鮮の清津に着くと、東京の壮行会の様子が記事になっていた。その見出しに、「拓士も安心、花嫁来たる」とあった。娘たちは、自分たちが花嫁として送られたことを明確に理解した。

先に書いたように、幸子さんは自分が開拓民の妻になることを理解していた。しかし、そうではない娘たちも多かった。女学校に勧誘にやって来た指導者の話を聞いたり、住む町の村長に声を掛けられたりして、当時、映画などでその魅力を宣伝されていた満州国に行ってみたいと思い、応募してきた娘が大半だったのだ。

自分の立場を初めて知って、騒ぎ出す者も何人かいたが、ここまで来て引き返すこともできない。幸子さんたちは、満州国の首都・新京への列車に乗り込んだ。

新京では、開拓総局主催の歓迎会があり、市内観光もさせてもらえた。当時の新京には、日本の城を模したような関東軍本部やギリシャ神殿風の大きな柱の立つ国務院など、日本が建てた巨大な官庁の建物が、威圧するように並んでいた。市内の高さ35メートルもある慰霊塔にも訪れた。関東軍の司令官など、満州国の建国に関わった人々が合祀されているという。そのようにして、女性たちは日本の力を感じ、「お国のため」「満州国のため」という価値観に繰り返し触れていく。

翌日は、ロシア革命後に本国から逃れてきた白系ロシア人が多く住む哈爾浜《ハルビン》へ。そこではロシア料理が振る舞われた。

幸子さんは、レストランのトイレで、白系ロシア人の娘と一緒になった。その娘は、スフと呼ばれるペラペラの化繊でできた、幸子さんの国防色の制服を見て、「こんな服はロシアにはない」と得意げに言った。「何を言っているんだ。列車に乗ってもどこへ行っても、この国を守っているのは、日本の兵隊ではないか。自分の国を追われて逃げてきたくせに、生意気だ」。幸子さんはそう思った。

そうして幸子さんが、入所先である五常開拓女子訓練所に着いたのは、故郷を発ってから1週間あまり後のことだった。

「一滴の混血も許されない」

戦前の日本は、満州を将来的に予想される英米との戦争を支える兵站基地と考え、「生命線」と呼んでいた。この地を守るために、数次にわたって大量の開拓民が送り出された。1936年8月には、広田弘毅内閣のもとで、「二十カ年百万戸送出計画」が国策として確定していた。これは、37年からの20年間で、100万戸（1戸5人家族として500万人）の日本人を満州に送出するというものだった。

これにあわせて、開拓民の花嫁の送り出しも急務となった。

42年2月、第79回帝国議会衆議院請願委員会で、「満蒙開拓女子訓練制度創設に関する請願」が出される。次いで3月には、「満州開拓女子拓殖事業対策要綱」が作られる。これらにより、青年学校や国民学校の女性教師を対象にした「女子拓殖講習会」が開催されることになった。当事者だけでなく、母親も対象だった。母親の反対が多く、母親を説得する必要があったからだ。

「満州開拓民配偶者斡旋協議会」が設置されたのも、同年のことだ。会長は府県の知事または学務長が務めており、学校関係者が責任者となって、満州に送り出す女性たちを探す仕組みだった。拓務省は同協議会を「配偶者斡旋に関する参謀本部」と位置付け、これで「斡旋事業の効率化」が期待できるとした。

当時、開拓指導者のためのハンドブックとして作成された「女子拓殖指導者提要」（拓務省）には、女子拓殖事業の目的として、「民族資源確保のため先ず開拓民の定着性を増強すること」「民族資源の量的確保と共に大和民族の純血を保持すること」などが並んでいた。

また、開拓農家の主婦には「開拓民の良き助耕者であること」「開拓家庭の良き慰安者であること」「第二世の良き保育者であること」が求められるとされた。

家族としての労働を補助しつつ、ケアを担当するという役割だ。

さらに、「大和民族の純潔」保持については、「満州開拓事業は『百万戸』の『大和民族』によって遂行さるるものであるが（略）この百万戸は純粋な大和民族の純潔を保持せる者によって構成されねばならない。一滴の混血も許されないのである。（略）女性は深くこの点に思いを致し、自ら進んで血液防衛部隊とならねばならない」と書かれていた。

そう、女性たちは「血液防衛部隊」なのだった。

国の役に立ちたいという願いを若い女性たちはもっている。だから労働力を差し出すことに異存はない。だが、それは自分の願いに従ってのことだ。性を国に差し出し、妻になることを考えているのではない。

一方、国が求めていることは、性を差し出し、家族として開拓地に埋め込まれ、大和民族として地域を統治する者の手足となることだ。
その国の意図を、満州に渡った娘たちは知らなかった。

棄てられた開拓団

幸子さんは訓練所での生活を経て、国境警備も兼ねてソ連国境のほど近くに置かれた開拓団に所属する男性と結婚した。1942年12月のことだ。初めて夫に会ったのは、合同で行われた結婚式の前日のことだった。

結婚式の後、知らない人と寝たくないと言って、娘たちがあちこちの部屋から逃げ出したという。このとき結婚したのは、幸子さんと一緒に渡満した53名のうち35名。強く拒否した者が強要されることはなかった。

当時、戦局は悪化の一途をたどっていた。

同年末に西太平洋ソロモン諸島ガダルカナル島をめぐる戦いに敗れた日本軍は、同島からの撤退を決定。44年7月には、サイパン島の日本守備隊が全滅し、在留邦人の半分も亡くなった。続いてグアム島、テニヤン島も陥落し、日本が設定した「絶対国防圏」はあっけなく破られることとなった。

戦局に応じて、満州国内の関東軍には南方への転出が求められた。これにより満州国内の防衛力は極度に低下することになった。このことは、日本人開拓民には一切知らされることがなかった。

実はこの時点で、関東軍内では、開拓団員を避難させるかどうか協議が行われていた。しかし、実際に避難行動に移せば、ソ連侵攻の誘い水となることや、住民に動揺を与えるということを理由に、実施されることはなかった。その結果、総数32万人を超える開拓団のほぼすべてが、関東軍の防衛区域外に置かれることになってしまった。

旧憲法での日本の存在の目的は、国体護持だ。つまり、天皇を守ることが国を守ることだ。市民の生活はあっけなく放擲された。

日本の降伏がすでに時間の問題となっていた45年8月8日、ソ連は突如日本に対して宣戦布告。日ソ中立条約を一方的に破棄し、翌9日午前0時には、国境を越えて軍を満州に侵攻させた。

戦闘が始まると、すぐに開拓団内の通信施設が空爆を受けた。それから国境から続く二車線の道路に、ソ連軍の戦車隊が入ってきた。それはソ連に侵攻することを目指して、関東軍が2年前に建設した砂利舗装の軍用道路だった。

当時この地域に配備されていた重火器類は、すべて南方に送られていた。また、この地域を軍事的に守っていたのは、南方に転戦する兵士の代わりに徴兵された開拓団の男たちで、彼らは満足な訓練も受けておらず、点在する軍施設を守る人数も足りなかった。

つまり、開拓地に残されていたのは、主に、幼い子どもを抱えた女性たちだった。他に、開拓団の指導者、怪我をしたり病気をして徴兵されなかった男たち、日本から呼び寄せた高齢の親らだった。

命と引き換えの性

1945年8月9日未明、幸子さんは突然の爆撃音に目を覚ました。国境近くのこの場所で暮らし始めて2年半以上になるが、そんな音を聞くのは初めてだった。家から3キロほど離れたところにある鉄道の信号所が、ソ連軍の攻撃を受けていた。

幸子さんの夫も1カ月前に「根こそぎ召集」を受けており、生後8カ月の娘と二人で過ごしていた。開拓団のどの家庭も同じような状況だった。

攻撃を受けることこそなかったが、村は満州国内部へ侵攻するソ連軍の拠点とされた。たちまちあたりはソ連兵で溢れかえった。すでに避難命令が出されていたが、逃げ出す手段がない。開拓団長は、この地に残留することを決定した。やがて、団に残っていた15歳以上の男たちは全員、ソ連兵によってどこかへ連れて行かれてしまった。

ソ連兵の侵攻は、昼夜の別なく1週間続いた。兵士たちは、必ずこの村で雑嚢を下ろして食事をとる。そのあとで、彼らは皆が集まっている家まで若い女性を物色にやって来た。

幸子さんも繰り返し家から引き出され、犯された。行為の間は髪が逆立つ思いだったと、幸子さんは私に淡々と語った。「朝になれば、部屋に返してもらえるのだからと耐えた」と言う。

強く逆らった、まだ20歳になるかならないかの母親は、銃殺された。激しい暴力を受けるとき、拒めばさらに強い暴力を受ける。生後2カ月の子どもが残され、泣き声をあげていたが、女たちは誰も面倒を見ようとしなかった。恐怖の中で、自分と自分の子どものことで精一杯だった。残された子どもはやがて死んだ。

多くの女性たちが、開拓団に来てまだ日が浅く、お互いの信頼関係ができていたわけではなかった。

私は、侵攻してきたソ連兵に犯された女性たちの話を繰り返し聞いた。ある収容所では、避難民の中でも水商売をしていた女性たちに頼んで、ソ連兵の相手をしてもらったという。

別の収容所では、犯された女性が縊死しようとしているところを皆で必死で止めたという。

社会が破壊された場所では、女性たちにとって、しばしば命と引き換えに性がある。そして誰にも支配されない空間が生まれる時、激しい性暴力が起きる。そう考えれば、国が人の性を守るための適切なルールを定めることは、人が安全に、人として生きるためにどれだけ必要なことか。

性が家族を作る。国が家族を管理する。つまり、国が性を規定する。

崩壊当時、満州国に在住していた日本人は、155万人。その時点で残っていた開拓団員は22万人だったが、うち4割が崩壊後の混乱の中で亡くなったとされる。

満州からの引き揚げの困難と一口で語られる。だが詳しく見ると、その困難の度合いは、開拓民と一般人、あるいは軍関係者とでは異なる。男性と女性も異なる。住んでいた地域でも異なる。

幸子さんの村では、女と子どもが残された家に、近くに住む中国人たちが見物に来て、「お前ら、殺されないだけいいじゃないか」と言った。かつて満州事変のとき、この辺り一帯に入ってきた日本兵は、この地の中国人女性たちを強姦して殺していったというのだった。

「嫁」となることで生き延びる

2カ月ほどして、通過していくソ連兵がまばらになった。そして寒い季節が来た。問題は、この酷寒の地で、冬をどうやって過ごすかということだった。開拓団を代表して2人の年配の女性がソ連軍の将校、そして、この地域の中国人と話し合うことになった。その席で、将校はこう言った。

「開拓団の女性たちを移動させる手段がない。それに近くの町の日本人収容所に連れて行っても、設備が十分ではなく、そこで命を落とすことになるだろう。村に残って中国人の世話になる方がいいのではないか」

こうしてその冬、女性たちは中国人の家に預けられることになった。つまり、子どもを抱えた女性たちは、自らの性を差し出すことによって、一冬の命を確保するのだ。

迎えた嫁入りの日、幸子さんたちが集まって暮らす家の周りに、男たちが集まってきた。妻にする女性を選ぶのだ。中国では、妻を娶るために婚資を必要とした。貧しくて妻を持てない男たちが、この地域には大勢いた。子どもや姑を抱えた条件の悪い女性は、貧しい男に引き取られた。あるいは、すでに妻のいる家に妾として引き取られる場合もあった。

幸子さんは、娘と一緒に、顔に疱瘡の後が残っているために「ジャガ」とあだ名されている、28歳の男の元に行った。近くに舅と2人の弟、それに妹が住んでいた。貧しい一家は、嫁を迎えたことを喜び、幸子さんには浅葱色の満服と呼ばれる筒袖の服を、娘には子ども服を作ってくれた。当時、衣類は貴重品で、婚資に衣類を使うのがこの地域の文化だった。

男たちは自分たちの文化=社会のルールに従って、幸子さんを妻として丁寧に受け入れた。そこには、共同体への尊重がある。つまり、幸子さんの立場は共同体のルールによって守られた。

性的に共同体としてのルールを持たないソ連軍の兵士たちとは、対応が違った。

ジャガはおっちょこちょいだが、気持ちは優しかったという。幸子さんは、中国人の「嫁」となったことを仕方のないこととして受け入れた。

それ以外に生きる道がないのであれば、無用の反発をして居づらくする必要はない――。それは、極限を生き延びようとする者の知恵だ。

幸子さんはジャガの父親に教えられて、キビ粉に大豆粉を混ぜて練ったものを竈の周囲に貼り付けて焼いた。これが主食だった。あとは野菜を大豆油で炒めて食べた。ごくたまに豚肉が手に入った。

娘にだけは白米を食べさせてくれと頼むと、毎日ジャガは、一握りの米をきちんと持ち帰った。それでおかゆを作って、まだ1歳にならない娘に食べさせた。

家族全員の靴を作るのが主婦の仕事だと言われ、作り方を教えられて、布を貼り合わせて靴を作った。

夜はジャガの性の相手をした。妊娠が何より怖かった。もし子どもができるようなことがあれば、日本に帰れなくなると考えていた。寝室のオンドル部屋の土間に石油缶を半分に切って作ったバケツを置き、行為の後には必ずそこに排尿した。水一杯にも苦労する土地だった。局部を洗うこともできず、気休めの避妊法だった。

中国人たちは、若い妻を家から出さなかった。逃げられることを恐れていたからだ。「性」は家族の財産なのだ。

子どもの死を願う

この冬、子どもたちは次々に死んだ。たとえ飢える心配がなくなっても、はしかや熱病が流行ると、弱った体は持ちこたえられないのだ。子どもの遺体は村の空き地に穴を掘って埋めた。すると、夜に野犬が掘り返して食べた。

幸子さんの娘も、男の家に移って間もなくはしかにかかった。高熱が続き、乳を与えても飲むことができなかった。村の医者に見せたところ、もうすぐ死ぬという。幸子さんはジャガに頼んで箱を作ってもらった。棺の代わりにするつもりだった。せめて野犬に掘り返されないように埋葬してやりたかった。

だが、娘は死ななかった。4日目から熱が下がり、やがて粥を口にするようになった。もっとも、この大病の後、娘は成長を止めてしまう。泣くことも笑うことも一切なく、這うことも座ることも立ち上がることもせず、顔だけが、日増しに老人のようになっていった。

子どもの成長が止まり、表情を失うということは、非常に強いストレス下にあったことを示す。虐待を受けた子どもたちは、成長が止まり、表情を失う。それと同じことが、幸子さんの娘の身に起きていた。

体が薄くなってしまった娘は、背負おうにもずり落ちてしまう。だから小さな布団も一緒にくくりつけ、落ちないように工夫した。幸子さんは、そうやってどこへ出かけるときでも娘と一緒だった。隙があれば、娘を連れて逃げ出そうと思っていたからだ。

幸子さんは、「子どもを亡くした母親たちが羨ましかった」と言う。

「独り身になって、晴れ晴れとした顔で村の中を歩いているんだもの。子どもさえいなければ、村を抜け出せる。でも、子どものおしめを心配しながら、逃げることは不可能だから。どうして私の子どもは死なないのかと思った。でも、さすがに殺すことはできなかった。子どもを絞め殺した人もいたけれども」

自宅にお邪魔したとき、幸子さんはこのように私に語った。子どもの死を願ったという事実をはっきりと、冷静に。庭には、彼女が丹念に育てた花が咲いていた。

私はこのようにはっきりと自分に向き合い、言葉にする幸子さんに深い尊敬の気持ちを持った。

そういえば「大阪2児置き去り死事件」の母親は、どれだけ追い詰められても、「母親は子どもを育てられないと言ってはいけないのだと思い、言えなかった」と裁判で語っている。

彼女は幼い時から繰り返し、自分の思いに蓋をする習慣をもって育った。幼い子どもを残して50日間家に帰らなかった時、上から黒く塗るような気持ちだったと語っている。

一方、幸子さんは、どうして私の子どもは死なないのかと思う自分を自覚した。自覚できて初めて、現実に対応できる。

引き揚げ命令

翌1946年7月、あんず、芍薬、ゆり、桔梗などの花々が一斉に野山に咲いた頃のこと。

幸子さんはジャガに馬車に乗せられて近くの町に出かけた。幸子さんは膀胱炎にかかったらしく、「医者に見てもらおう」とジャガが言ったのだ。幸子さんは町で、引き揚げのことか、せめて日本に関する情報を何か得ようと考えていた。町の大通りには、日本人難民が並んで物売りをしていた。幸子さんは中国服を着ていたが、その中の軍服を着た男が「奥さん、日本人でしょ。近々引き揚げ命令が出るから、油断しないで必ず日本に帰りなさいよ」と小声で声をかけてくれた。

しばらくして、生理が止まった。それまでどんなに過酷な状況でも生理は来ていた。だとすれば、子どもができたのか。幸子さんは不安で一杯になった。

町で言われたとおり、やがて引き揚げ命令が出て、村でも馬車が用意されたと連絡が来た。引き留めようとするジャガを、幸子さんは懸命に説得した。

「引き揚げ命令はこれが最後だという。どうか帰して欲しい。日本に帰ってもし夫が戻っていなかったら、必ず帰って来るから」

ジャガは、渋々承知してくれた。

この時、村の女たち全員が帰国したわけではなかった。体が弱く日本までの長旅に自信のない者や、とくに身ごもっている者はこのときの帰国をあきらめていた。性は、女性の未来を制限する。

そんなふうに帰国しなかった女たちのなかには、今も、この地に残留している者がいるという。

戦後、東西冷戦下の日中関係の悪化に伴い、満州からの引き揚げ事業は、多くの未帰還者を残したまま1958年に終了。その後、日本政府が中国残留邦人の受け入れに力を入れるのは、72年の日中国交正常化からさらに月日を経た、81年になってからだった。

しかも当初は、終戦時に13歳以上であった女性は「自分の意思で残った」とされ、支援の対象から漏れていた。希望すれば誰でも永住帰国できるようになったのは、94年に中国残留邦人支援法ができてからだ。

国による極秘の堕胎手術

長い陸路の旅を経て、幸子さんはようやく港にたどりついた。いよいよ出港の日、桟橋で日の丸を掲げた博多港行きの引き揚げ船を見た時には、幸子さんは目頭が熱くなったという。

船内には、女性専用の相談室が設けられていた。逃避行のなかで、暴行されたり、生き延びるために性を使ったりして妊娠していた女性たちは必ず申し出て、下船後にお腹の子を処理するようにということだった。

「不和の元だから、故郷に持って帰ってはいけない」と係官は言ったという。

当時、堕胎罪が力を持っていた。また1940年にナチの断種法を参考にして作られた国民優生法も効力を有しており、健常者の堕胎は厳しく禁じられていた。子どもは国のものだ。国内に入ってしまえば、民間ではおろす手段がないから、国として救いの手を差し延べようということだ。

一方で、戦後の物資も人手も足りないこの時期にもかかわらず、中国人やソ連人の子どもを宿して引き揚げてきた女性たちに、これほど徹底して堕胎手術を施そうとした背景には、異民族の血を恐れ、排除しようとする国家の意思が感じられてならない。

果たして妊娠していた幸子さんは、船を下りたあと、博多港の検疫所に設けられた特殊婦人相談所で診断を受け、子どもをおろすことになる。

この、国が引き揚げ女性に施した極秘の堕胎手術については、記録がほとんど残っていない。しかし乏しい資料のなかで、厚生省がまとめた『引揚援護の記録』(50年)、『続 引揚援護の記録』(55年)、『続々 引揚援護の記録』(63年)を丹念に見ていくと、「上陸地患者状況調査」という統計があった。それによると、博多で46年3月から49年8月までに妊娠の名目で診療を受けたのは6386名。そのうちに入院した者は2157名だった。この入院した者は、おそらく堕胎手術を受けたものと思われる。

さらに当時の資料を探していた私は、長崎県佐世保市にある浦頭引揚記念平和公園内の資料館で、ガラスケースに収められた「引揚婦女子の皆様へ」という呼びかけ文と、「極秘」と記された「引揚婦女子医療救護実施要項」(昭和21年4月付)を見つけた。

呼びかけ文には、こう書かれていた。


今後の皆様の再起の資本でもあり、再建日本の原動力ともなるのは健康です。(略)

此の際精神的にも肉体的にも完全な健康体となられてから御帰国なさることを切にお薦め致します。

厚生省医療局国立病院国立療養所
同　引揚援護院地方引揚援護局

呼びかけ文の中に「妊娠」や「堕胎」という言葉は、一切使われていなかった。

ただし、もう一つの「引揚婦女子医療救護実施要項」の内容はあからさまで、性病患者と妊娠している者を「特殊患者」とし、「諸種の事情の為正規分娩不適の者に対しては極力妊娠中絶を実施すること」と書かれていた。

また同要項では、職員に対する注意事項としてこうあった。

「患者の取扱に関しては格別の意を用い、全院（所）を挙げて心からなる同情と懇切とを旨とすること」

「国立病院同療養所は引揚婦女子に対する単なる治療機関に非らず心身の傷手を医さんが為『温く居心地良き』国立療養機関たるべき使命を誤らざること、特に日常、患者に直接する職員（救護班員を含む）に於て之が趣旨の徹底を期すること」

「特殊疾患の内容は一般人の興味を惹き易きも、患者特質上之が漏洩は社会的に重大影響するを以て関係職員は秘密保持を特に厳守すること」

「一般患者と隔離する等の方途を講ずること」

ベッドが不足する場合には、新しく病院を用意するようにという記述もあり、その時は、すでに入院加療中の患者はよその病院に移すようにと指示されている。

これらからは、当時の政府がいかにこの問題に神経を尖らせていたかが伝わってくる。

夫との再会

入院した幸子さんは、相変わらず這うことも話すこともしない、もうすぐ2歳になる娘と1つのベッドで過ごし、手術を待った。すでに堕胎が難しい時期に入った妊婦が多く、妊娠4カ月の幸子さんは後回しにされた。

隣のベッドの女性は、髪の毛が黒々と生えそろった赤ちゃんを死産した。

自分の手術の順番を待つ幸子さんのもとに、突然夫が現れた。ソ連侵攻の1カ月前に召集されて以来、1年以上、会っていなかった。彼は所属していた軍の解散後、ソ連軍の捕虜捜査の手を逃れて長春（満州国の崩壊により新京から改称）にたどり着き、同じ開拓団の男たちと再会して冬を越した。村に残された妻たちが中国人の妻となって越冬したことは、現地から妻を連れ出してきた男から聞いていた。国民党と共産党の間で起こった「国共内戦」が激化する中では開拓団の村まで戻ることは難しく、夫は妻たちが解放されるのをひたすら待っていたのだという。やがて女性たちが日本に向かったと知らされて、自分も日本に向かったのだった。

日本への到着後、夫は開拓団の女性たちから、幸子さんが中国人との子どもをおろすために入院していると聞かされた。最初はひどく動揺したが、やがて女たちにいさめられて、入院中の幸子さんに会いにきたのだった。

「無事でよかった。よく子どもを連れて帰ってくれた」

夫はそう言って、1年以上ぶりに再会した幸子さんをねぎらった。

幸子さんが受けた堕胎手術は、麻酔もせずに器具で腹の中から胎児を掻き出すという乱暴なもので、ひどく痛かった。

夫婦と表情を失った女児が、ようやく東北地方の幸子さんの実家に戻ってきたのは、46年10月17日のことであった。

幸子さんの戦後

当時日本全国で、外地からの引揚者のために住む場所や仕事を斡旋する厚生事業が進んでいた。故郷に帰った半年後の1947年4月、一家は雪の残る県内の開拓地に入植した。住宅は県の開拓課が建てたもので、6畳と4畳半の二間に、流しの付いた小さな土間があった。水道・電気はなく、ランプと共同井戸の生活が始まった。

幸子さん一家には、農地と家屋あわせて2町歩の土地が貸与された。夫婦は一生懸命働いた。当初は開拓課から日当で賃金が支払われたが、それで生活費が足りなくなると、幸子さんの実家を頼った。貧しい小作農だった実家は、同年の農地改革で田畑を自分のものにできたことで、生活が落ち着いていた。

多くの貧しい者たちが、自分の土地を求めて満州に渡った。しかし、政治のあり方によっては、日本で土地を得ることもできたはずなのだ。しかし、日本は戦争に負けるまで、財界や地主たちの抵抗が激しく、農地を小作に提供することが進まなかった。

ソ連軍の侵攻時から成長を止めていた娘は、日本に戻ると間もなく伝い歩きをし、言葉を話すようになった。極限状態の中で娘の死を願ったのが嘘のように、幸子さんには娘が大切に思え、その成長に深く慰められた。

入植して2年後の49年には、電気が通った。

50年、朝鮮戦争が始まる。この年に息子が生まれたが、生後7カ月の時に不注意から腐った牛乳を飲ませて、亡くしてしまう。

51年9月、サンフランシスコ講和条約締結。日本の経済が上向くとともに、夫は都会に出稼ぎに出て、ようやく家計が楽になり始めた。この年に息子が生まれる。今度はヤギを飼い、新鮮なミルクを飲ませた。

55年、県の検査があり、土地は幸子さん一家のものになる。開拓の成果が認められたのだった。

幸子さんは、開拓地の生活は満州に劣らず、苦労の連続だったと言う。

「だけど、怯えることがなくなったもの。満州での生活はいつも無意識に怯えていた。戦争に負ける前でも、私はここに一生いるんだろうかと思っていた。心のどこかで、ここは自分の居場所ではないと感じていたんだね。日本に帰ってからは、そういう不安を感じることはなかった」

後年夫は、ソ連の侵攻時に幸子さんが開拓団に留まったことを「逃げなくてよかった。

おかげでお前も娘も助かったのだから」と言ってくれた。彼は敗戦後に2カ月間山谷をさまよう中で、多くの女性や子どもが亡くなっていくのを目にしていたのだ。

夫は80年に亡くなる。胃がんだった。

決して自分の意志で選んだ結婚相手ではなかった。なぜ敗戦前に日本へ帰してくれなかったのかと恨んだこともあった。それが、生き延びるために自らの性を差し出すことにつながった。

それでも幸子さんは、夫と添い遂げることができたことに満足していると、取材当時、私に対して言い切った。

性がむき出しになるとき子殺しが起きる

私が聞き取りを行った女性たちのほとんど全員が、性被害にあっていた。社会のルールが消え、暴力だけが充満する時、性がむき出しになる。性の先にある、子どもの命が危機にさらされる。子捨て、子殺しが起きる。

現代の、わが子を虐待死をさせてしまう親たちは、戦時の難民のようだ。精一杯子育てを頑張っている時期があり、それができなくなることで、ネグレクトが起きる。言い換えれば、社会の規範の中で子どもを育てつつ、生きることができなくなったと思ってしまった時に子殺しが起きるのだ。

子育てには家族という器がいる。だが、家族の凝集力が失われてしまった現代では、産業社会の変化により、力の乏しい者たちが粒のように漂流していく。

力のある者たちは、社会が大きく変革する時、その新しいルールに乗り換えていくことができる。情報を集め、人との関係をつなぎ、経済力を使い、それまでの自分自身が築いたアドバンテージを活かして生き延びることができる。

しかし、そうした力を持てない者たちは、暴力を繰り返し受け、むき出しの性のなかで、子どもを生かすことができなくなる。

社会が押し付けてくる神話を、力の弱い者たちは信じ込む。そして、そのように生きようとする。だが、足場を外された時は無残だ。

その時、政治を担当する者たちは、現実に何が起きているのかをよく見て、社会をどのようにデザインするのか。その力量が問われる。

第4章

社会につながれない「ニューカマー」たち

——川崎中1殺害事件の深層にあるもの

とうとう起きてしまった

２０１５年2月20日未明、川崎市川崎区の多摩川河川敷で、中学1年生の少年（13歳＝事件当時）が亡くなった。年長の遊び仲間から、全裸で真冬の川で泳がされたあげく、顔などを繰り返し切りつけられ、工業用カッターナイフで首を深く傷つけられたのが致命傷となった。近くに結束バンドが落ちており、膝にはあざがあった。手足を縛られ、膝をついた状態で暴行を受けたのではないかと推察された。

残忍さが際立つこの殺人に関与したのは3人で、18歳の無職のAが主犯として殺人罪で逮捕された。両親と兄弟がおり、母親がフィリピン人だ。Aは高校を中退していたが、中学時代の同級生B（17歳＝同）と、１歳年下で、別の中学を卒業したC（17歳＝同）が傷害致死で一緒に逮捕された。Cの母親もフィリピン人で、シングルマザーだった。

殺害された少年も、母親がシングルマザーで、５人兄弟の2人目。５歳のとき、父親が漁師を目指して家族で島根県隠岐島諸島の西ノ島町に移り住み、小学校3年生で両親が離婚。小学校5年生になって川崎に移った。中学入学後の２０１４年夏から、部活のバスケット部には顔を出さなくなり、年上の友達と行動を共にするようになる。同年12月にAのグループと出会い、1月から不登校。このころの写真では、Aに殴られ、目の周りにあざを作っている。

この事件が、フィリピンにつながる少年たちによって引き起こされたと知ったとき、直感的に感じたのは、ああ、とうとう起きてしまったという思いだった。

2004年から2008年まで、日本で暮らす、外国に連なる子どもたちの取材をした。外国人少年の犯罪の背景には、社会的排除の問題があるように思えた。2015年当時、特にフィリピン人の母親を持つ子どもたちの状況が気になっていた。言葉の問題、学校に留まりにくいこと。虐待に近い暴力を受けて育つために起きる親との葛藤。そんなものを見聞きした。しかも、その背景を理解する力は、支援者側でも不十分だった。社会につながるための特別なサポートは、あまりにも乏しかった。

一方、母子家庭の貧困問題の根深さも日本社会の大きな課題だ。貧困のなかで育つ子どもたちは、社会資源の乏しさにより、やはり社会につながりにくい。

この事件は、現代日本が抱える政治的欠落、つまり、弱者の排除が、最も弱い立場の少年の惨殺という形で噴出したと感じた。

川崎区の「ニューカマー」フィリピン人女性たち

シングルマザーの困難とはどのようなものか。

通夜の後、被害少年の母親は弁護士を通じて、「学校に行くよりも前に私が出勤しなければならず、また、遅い時間に帰宅するので、（略）日中、何をしているのか十分に把握することができていませんでした」とコメントを発表した。この言葉に、多くのシングルマザーやその支援者が共感を表明した。

厚労省「全国母子世帯等調査」（2011年度）によれば、シングルマザーの約8割が就労している。彼女たちは、時にダブルワークで家計を支え、そのため子どもと向き合う時間が限られ、子育てに支障が出る。

その背景には、日本社会において母子家庭が急増したことに加え、そもそも労働政策により、家計を支える男性の労働に対し、女性の労働はその補助と位置づけられて賃金が低く抑えられてきたこと、また、ここ20年以上にわたって非正規雇用が拡大したことなどがある。

この事件が起きたのが、川崎市川崎区であったことも、偶然ではない。京浜工業地帯の一角にあり、戦前から多様な人たちが流入してきた土地柄だ。

この事件の3カ月後、2015年5月、川崎区の簡易宿泊所2棟が焼け、10人が死亡した。日本の高度経済成長期を支えてきた労働者が高齢化し、生活保護を受けるなどして、かつて「ドヤ」とも呼ばれた宿泊施設で生活していた。この場所は、少年たちが遊び回っていた地域に隣接している。さらにいえば、同区の人口の約5パーセントが外国籍だ。戦前から日本で暮らす在日韓国朝鮮人などの旧植民地出身者やその子孫はオールドカマー、1980年代以降に日本に来日して暮らす人々はニューカマーと呼ばれる。

地域にあるカトリック貝塚教会は、日曜日午後に英語のミサを行い、外国人200〜300人を集める。その8割がフィリピン人女性だ。80年代後半から90年代初めにかけて「興行」在留資格で来日し、日本人男性と結婚し、日本人の配偶者としての在留資格に変わった。彼女たちを女性移住者と呼ぶ。加害少年には、そんなフィリピン人女性を母親に持つ者が2人いた。

事件は、地域で暮らすフィリピン人の母親たちに強い衝撃を与えた。その一人、10歳の男の子を育てるシングルマザーのマリアさん（仮名）は言う。

「ショックでした。私は生活保護を受けていますが、できるだけ保護費をもらわなくて済むように、精一杯働いてきました。でも、事件の後は、働く時間を短くして、夕食を一緒に食べて、話を聞いて、宿題をチェックしています。長男は失敗しましたが、次男はちゃんと育てたいんです」

マリアさんの不安定で低賃金の仕事に忙殺される困難は、日本人のシングルマザーのそれに重なる。

あるフィリピン女性の告白

マリアさんは1990年20歳の時に父親を亡くし、母親と2人の妹と弟1人を助けるために、興行ビザで来日した。マリアさんの送金のおかげで妹たちは大学に行った。

来日当時はフィリピンパブで働き、客の日本人男性と親しくなり、長男を出産した。男性は50歳を過ぎていた。結婚には至らず、不法滞在になり、フィリピンに帰った。長男が2歳になったとき、親族に預けて再来日する。水商売で働き、間もなく鳶職の男性と交際を始めた。男性の母親の強い反対で結婚できず、不法滞在だった。マリアさんの稼ぐお金を運転資金に2人は会社を経営、猛烈に忙しかった。

家庭に入ったフィリピン人女性が働くのは、フィリピンへの送金のためだ。フィリピンから来日した人たちの多くが親族に送金している。フィリピン人女性たちは、外国人労働者でもある。

マリアさんは37歳で次男を妊娠して入籍。日本人の配偶者としてのビザを得て、11歳になっていた長男を日本に呼びよせた。長男は中学に入ると家出を繰り返した。学校に行かず、同じような立場の少年たちと遊び回り、窃盗や万引を重ねた。息子と顔を合わせない時期が長く続き、騒ぎを起こして警察から連絡が来て無事を知った。

長男は17歳で父親になる。だが彼女とはうまくいかず、ビザの更新時に万引で捕まって、フィリピンに強制送還になった。

実はこの頃、マリアさんはすでにフィリピンに次男を連れて帰国していた。リーマンショックをきっかけに会社が傾いたからだ。夫はフィリピンの学校で次男に英語を覚えさせたいと言った。地元でマリアさんは蓄えていたお金で技術者を雇い、小さな美容室を始めた。帰って来た長男にも手伝わせた。

5年間、日本とフィリピンを行き来し、２０１４年、次男を連れて日本に戻った。次男に日本の生活習慣や言葉を忘れてほしくなかった。それからまもなく離婚を決めた。夫の暴力が原因だった。

実はマリアさんは、夫と一緒になって以来、毎日のように暴力と暴言にさらされてきた。久しぶりに日本に帰って、夫から暴力を受けたとき、10歳になっていた次男は、「ママ、もういいよ、この人と別れよう」と言った。その言葉で決心がついた。

離婚を最も喜んだのが、フィリピンで暮らす長男だった。

11歳で来日した長男は、新しい父親が母親を殴るのを目の当たりにした。新しい父は彼にも暴力を振るったが、マリアさんは長男を守らなかった。それどころか、マリアさん自身が密室で、息子たちに手を上げた。夫から暴力を受けて気持ちが荒むと、息子たちの反抗を余裕をもって受け止められなかった。長男は家に居場所がなかった。「長男はフィリピンでは誰にでも素直に気持ちを話せる子どもだったと面倒をみていた妹は言いました」

しかし、暴力のなかで長男は心を閉ざした。その彼を迎えたのが不良仲間だった。マリアさんは誰にも相談できなかった。

「フィリピンでは日本人と結婚するのは幸せなことだと思われています。母や妹に、自分が夫から惨めな暴力を受けているとは伝えられなかった」

地元で暮らす友達のフィリピン女性たちにも話せなかった。皆、同じような悩みを抱えている。会ったときには別の話をして楽しみたかった。

自分を語る言葉を持てない子どもたち

暴力は、自尊感情を奪い、恥ずかしさを生む。それが壁になり、孤立化が進む。日本人男性と結婚した外国人女性のなかで、DV被害に遭う人は少なくない。アジア人女性のパートナーとなる日本人男性には、ブルーカラーや年齢の高い人が多い。彼ら自身、必ずしも日本の社会の中で、恵まれた場所を与えられてきたわけではない。彼らのなかには、女性と対等だと考える文化を持ちにくい環境で育った人たちもいるだろう。そのようにして、ジェンダー差別やアジアへの差別が家庭の中に持ち込まれる。

いずれにしても、夫婦のあり方は子どもの育ち方に影響を与える。さらには言葉習得の課題にもつながる。日本で生まれ育ち、一見日常会話に困らないように見える子どもでも、言葉の発達には配慮が必要だ。

日本人の父親は、しばしば子育てに関わらない。父親がタガログ語や英語を話さなければ、家の中の会話は日本語だ。だが母親が日本語を十分に話せなければ、子どもは語彙を増やせない。学齢期に授業でわからない言葉が出て、ついていけなくなる。母親との会話が深まらない。学校側は、成績の悪さを環境要因とは考えず、本人の問題と考え放置する。

そのように育ったあるフィリピン人の母親を持つ青年は、自分の内面を覗き込んだり、気持ちを語ったりする言葉を持たなかった。中学卒業後、ひきこもった。就労したいという気持ちはあったが社会が怖い。不安障害を病み、突如、激しい暴力が出た。

彼も父親から母親への暴力を見て育ち、母を守れない自分を激しく責める一方、父への激しい怒りを抑圧した。幼い時から、学校などで差別も体験していた。

暴力が爆発した時、直前に何があったのか、記憶が飛んでいてわからない。自分の身に起きたことを言語化できないのは、壮絶な苦しみだ。

フィリピンで生まれ、母親が再婚して、2歳で来日した青年も、家庭の中に養父やその家族から本人への暴力があったと言った。母親にはそれを止める力がなかった。学校ではいじめを受けていたが、親に相談はできなかった。中学時代に激しい非行を体験し、それを克服して高校に進学。今は社会人として働いている。

工事用車両を運転する仕事には自信がある。それでも、24歳の今も毎日仮面をつけて暮らしていると言った。怒りの感情はいつもあるという。何に対しての怒りなのか、尋ねてみたが、明確には言葉にならなかった。

暴力は連鎖する。一人の人間が凄まじい暴力をふるうとしたら、彼自身が暴力を受けた経験があるはずだ。あるいは、家庭の中でDVを見ている可能性もある。

川崎区の事件の少年Aは幼い時、両親の諍いが始まると、家の外に出て終わるのを待っていたという。

暴力を受けてもフィリピン女性たちがなかなか夫と別れられないのは、原則的に離婚を禁じるカトリック教徒であることが大きいとマリアさんは言う。「それから一人親で育てていけるだろうかという不安も強いです。日本に来て、20年過ぎても言葉がわからない人もいる。そういう人はなおさらです。一人で手続きが出来るとは思えないから諦めてしまう」

マリアさんが離婚を決意できたのは、フィリピンで暮らし、暴力から遠ざかって、精神の健康を取り戻していたことが力になった。20歳という若さで家族を離れて来日、水商売に就き、そもそも日本で生活者としての知恵を身につける機会は乏しかった。それが、母国で人々の日常生活に触れ、貧しいなりに、生活をする方法を身につけることができた。

夫に階段から突き落とされた日、マリアさんは自分で警察を呼んだ。さらに、警察に教えられ、市の窓口を訪れ、DV支援を受けた。生活保護にもつながり、自力で家を借りた。公的機関の支援を受けるには力がいる。自分が暴力を受けていると自ら認識すること。助けを求めていいのだと、明確に判断できること。助けを得られる場所や人を探せること。そこに直接アクセスできること。外国につらなる人の場合、言葉の壁も小さくない。暴力を受けながら勇気がないままに、時が過ぎていく人もいる。

日本で暮らす外国人の在留資格

法務省「在留外国人統計」によれば、日本で暮らす外国籍の人たちは、2016年末時点で238万2822人（2019年末で293万3137人）。1年で6・7パーセント増加し、過去最高を記録した。日本政府はかたくなに移民受け入れ政策を取らず、代わりに多様な形で側面から外国人労働力を確保してきた。そのため、日本で暮らす外国人の在留資格は出自ごとに特徴がある。

南米出身などの日系人は、3世までの本人と2世までの配偶者が得られる「定住者」を在留資格にもつ者が多い。仕事を選ぶ上で制限がなく、工場労働などに派遣業を通じて就労する。かつて日本には31万人を超えるブラジル人が生活をしていたが、リーマンショックをきっかけに大きく数を減らし、現在は18万人（2019年末で21万人）ほどだ。

中国人は、日本人の配偶者としての資格や、「留学」「技能実習」など多様な在留資格をもつ。中国人留学生は以前に比べて余裕があり、学位取得を目指す人も増えているという。

ベトナム人は急増中で、約20万人が暮らす（2019年末で41万1968人）。資格は「留学」「技能実習」が多い。かつて難民として日本に定住した人たちの親族の来日もある。

ネパール人も急増中だ。資格は「留学」「技能実習」が中心だ。

技能実習制度は、建前上は国際貢献として、途上国の若者に日本の進んだ技術をOJTで学んでもらうというものだ。だが、正面切って移民政策をとらない日本が、実質的に単純労働者を受け入れるルートになっている。このことには国内外から、不当労働の温床であるとの強い批判もある。だが、2020年の東京オリンピック・パラリンピック開催に向けて必要となる建設労働者獲得を、政府はこの技能実習制度を拡充し、期間を延長したり、再入国を認めるなどして、実現しようとしている。

フィリピン人は8割までが女性だ。かつては「興行」の在留資格が多かったが、今は、日本人の配偶者等の在留資格が多い。生活の質は家庭内の日本人の夫との関係に左右され、外からは実態が見えにくい。もちろん、夫婦仲が良く、子どもをしっかりと支える夫婦もいる。一方、言葉の課題などもあり、支援が入りにくく、夫婦の関係が落ち着かない家庭も少なくない。

筆者が日本で暮らす外国人の取材を始めた2004年当時、政府の外国人住民への施策はないに等しかった。地方自治体が必要に迫られて対応し、居住地域によって受けられる支援は大きく異なった。その後、多文化共生指針を出す自治体が増え、義務教育年齢の子どもの就学保障や相談体制の充実、日本語学習機会の提供、医療を通訳付きで受けられるシステム、言語や生活習慣等の違いに配慮した保育環境の整備等々、生活者対応の施策は少しずつ充実してきた。

だが、国としてのまとまりは欠く。学齢期の言葉の学習支援一つとっても地域差は大きい。

居場所を見出せないことへの憎悪

ニューカマーが日本で暮らし始めて、四半世紀以上が過ぎ、2世が成人していく。次世代は日本社会と混ざり始めている。

ハンディを乗り越え、社会の様々な分野で安定して働く人たちがいる。そうした人たちの背景をよく見ると、親であれ、学校の教師であれ、親身に未来を考えてくれた大人がいたことに気づく。社会を信頼する力が育っている。

一方、社会適応できにくかった人たちがいる。こうした若者について、長年、支援に関わってきた人から「子どもたちは人種ではなく、階層でつながり始めている。社会から弾かれた子ども同士が、自然発生的に関係を作り、グループ内から抜け出せなくなる」と聞いた。

再び川崎区の事件を顧みると、被害者の少年は、親や社会から十分な庇護を得られず、Aのグループに出会った。その後、無料通信アプリLINEで友達に「グループから抜けると言ったら暴力も激しくなった。もう限界だ。殺されるかもしれない」と伝えている。

少年は、西ノ島でも川崎でも友達から愛されたと報道された。リーダーのAは少年がグループから抜けて、違う「階層」に戻ることが許せなかったのではないか。事件の約1カ月前、Aは少年に激しい暴力を加えている。それに憤った少年の友人グループはAに謝るよう詰め寄った。Aは少年のためにこれだけの人が集まったと思い、頭にきたと供述している。

Aの噴出するような暴力は、少年個人に向けられた、というよりも、社会の中に居場所を見出せないことへの憎悪なのではないか。

少子高齢化が進み、年間30万人以上が減っていく日本社会で、外国から人を迎えることはもはや不可欠だ。だが、人を迎えるには、その子どもたちの未来までも見据えた施策が必要なことは言うまでもない。

社会の中に外国に連なる人たちを丁寧に位置づけていくことは、日本に来てくれる人たちの人権を守るということだけでなく、日本の社会の安定のためにも大切なことだ。正面から取り組む移民受け入れのための政策は待ったなしのはずである。

第5章

育児は母親だけの義務か？

――母性から降りる、共同体で支援する

事件現場に訪れる若い女性たち

通りからマンションに向かうエントランスは3畳ほどの広さがあり、真夏の日差しの中にびっしりと、飲み物の小さなパックやお菓子が並んでいた。次々に若い女性たちが訪れ、新しいお菓子の袋を開け、飲み物のパックにストローを刺して置き、手を合わせていく。

「他人事とは思えません。でも、どうしてこのお母さんは自分の親を頼らなかったのでしょう。親がいなければ子育てをしながら働けません」

話を聞いてみると、女性たちは口々にそう言った。彼女たちの多くが接客業だった。2010年8月中旬、大阪市西区にある単身者向けマンションの前でのことだ。

ここは、第2章で触れた、「大阪2児置き去り死事件」の起きた場所だった。

取材当時、正直いって、なぜ接客業の女性たちがこの場所を訪れるのか、わからなかった。

しかし今振り返れば、彼女たちには、いつ、同じようなことが自分の身に降り掛かるかわからないという、切迫感のようなものがあったのだと思う。

自分の生まれ育った家庭に居場所がない若い女性が、男性に出会い、子どもを生む。だが、男性との関係もうまくいかず、子どもを抱えて転々とする。さらに、別の男性に出会って、新しい「家族」になる。単身、水商売で子どもを育てることもある。

そんな現実が広がっている。

実家の親に多様な力があり、親子関係が比較的安定していれば、困難にぶつかった女性は、我が子を連れて親元に戻る。シングルマザーが実家を頼らないのは、家族との間に強い葛藤を抱えている場合だ。その背景にはしばしば子ども時代からの貧困、虐待、ＤＶが横たわっている。こうした事情は、厚木事件の例でも見られるように、十分な力をもたないシングルファザーでも同じだ。

大阪事件の母親もそうだが、そんな親たちは最初から子育てを放棄するわけではない。だが、何かのきっかけで子育て環境が悪化すると、子どもたちは、十分にケアを受けられず、ネグレクトされる。あるいは暴力を受ける。

子どもに暴力を振るったり、ネグレクトをする親たちは、時には、支援者側からはふてぶてしく見えたり、暴力的に見えたりする。彼ら彼女らは自信がない自分を人に見抜かれないように、攻撃的な態度に出る。馬鹿にされたくないと思い、無関心を装う。そして支援をますます遠ざける。

本書で書いてきたように、安心安全な場所で、安定した自尊感情を持つ女性たち、いや大人たちは、子どもを守る力がある。女性たちは、母親役に縛られず、子どもの育ちを自分と切り離して捉えることができる。子どもが困難を抱えている場合、状況を観察し、さまざまな社会資源を使うことができる。必要であれば、学校や行政など、その場を律する規範の保持者と交渉することができる。

だが、自尊感情が弱っていると、母親であれば子育てはできるものという通念を内面化して自分を責める。母親であることに固執してしまい、うまく育たない我が子に向き合えなくなる。我が子を人目から隠す。

大阪の事件を取材した『ルポ 虐待』の中で私は、「『母なるもの』から降りることができれば、子どもたちは死なずにすんだのではないか」「少なくとも、母親だけが子育ての責任を負わなくていいということが当たり前になれば、大勢の子どもたちが幸せになる」と書いた。

母親とのカプセルの中で子どもが窒息する

困難を抱える女性たちの取材をしていると、配偶者も仕事も性的な魅力も経済力も失った女性たちが、最後に我が子を拠りどころにしている場面に行き当たる。

唯一自分の思い通りになる存在である我が子を人に託そうとはしない。カプセル化した母子関係の中で育つ子どもたちは、しばしば母親に縛り付けられて、身動きが取れなくなる。

母親とのカプセルの中で子どもが窒息する現象は、父親がいる家庭でも起きる。父親が仕事に没頭するなどして、家族との関わりを持たない場合、母親の役割に押し込められた女性が孤立すると、子どもを抱え込む。

母親である女性が、子どもの存在以外で自尊心を支えることは、子どもの成長を保証するために、大切なことだ。

さらにいえば、子どもが健康に育つために、実母が不可欠というわけではない。

有史以来、子育ては母親「だけ」が担うものではなかった。家族は地縁血縁の共同体の中で生活をしており、母親が子育てをしつつ、生産活動に従事することは当たり前のことだった。核家族の中で、父親が外で働き、母親だけが家で子育てを担い、カプセルのように家庭が閉じてしまう形は、産業社会の発達以降、近代社会の産物だ。

子どもの健康な育ちに必要なのは、まず、安全で安心な場である。そこで、特定の大人と応答性のある愛着関係を結ぶことが欠かせない。繰り返すが、その特定の大人が、必ずしも実母である必要はない。

子どもたちはその大人との愛着が形成される中で、この世界は信用できると思えるようになり、自尊心がはぐくまれる。少しずつ社会を信頼し、また、社会を探求できるようになり、育てた大人とは違う、安心できる他者に出会い、信頼と愛情関係を結び、自分の価値を社会のなかに見つけ、新しい居場所を作る。

特定の大人との健全な愛着形成は、子どもの自立を可能にする。

10年間で大きく動いた若年困難家庭の状況

大阪の事件と、その10年前に起きた「武豊町3歳児餓死事件」を比較すると、10年間の社会状況の変化が見える。そして今なお、高度経済成長期に完成した近代家族の変容が進行している。

①移動

武豊町の事件は家庭のなかで起きた。保健センター、児童相談所、公立病院など行政はこの親子の存在を知っていた。危機介入の判断に失敗した。一方、大阪の事件の母親は、離婚後、子どもを連れて移動を繰り返した。泣き声通告を受けた大阪市の子ども相談センター（児童相談所）は、母子の存在そのものを疑っていた。そのため適切な介入に結びつかなかった。

移動する親子は、この10年間で増えたのではないか。大阪の事件以降、第1章で触れた横浜市の6歳女児虐待死事件（2013年）など、行政が把握していない子どもたちの虐待死が続いた。そのため厚生労働省は、自治体の管轄地域を越えて、居所不明の子どもを探すよう通達を出し、2014年11月13日に18歳未満の所在不明の子どもは141人であると発表した。

②母子家庭の増加

武豊の事件の母親は婚姻関係にあったが、大阪の事件の母親は離婚していた。

厚労省が5年ごとに行う「全国母子世帯等調査」によると、母子・父子家庭（同居親族がいる世帯も含む）の数は、98年から2003年にかけて、20パーセント以上急増した。

98年は大手金融会社の倒産が相次いだ年だ。日本社会を支えてきた、男性が主たる家計を支え、女性がケアを担うという家族の機能が成立しにくくなる中で、経済悪化に伴って離婚が増えたと考えることは可能だ。

大阪の事件の母親の中学時代の遊び仲間は10代で約10人が妊娠・出産し、カップルになったが、5年後まで家族を維持していたのは1組しかなかった。約1割だ。

③日本人の性行動の変化

古い数字だが、1999年の厚生省（当時）の調査で、初交が10代だった人の割合は18歳から24歳で男性が71・8パーセント、女性が72・7パーセント。55歳以上では、男性が26・4パーセント、女性は10・1パーセント。これまで5人以上の性的パートナーを経験した割合は、18歳から24歳で男性が43・5パーセント、女性は37・9パーセント。これに対して55歳以上では男性は30・2パーセント、女性は1・9パーセント。1世代で特に若い女性の性行動は大きく変化した。

ただし、2000年代半ばからは、若年層でより性行動が活発化していくグループと、沈静化しているグループとに分かれるという。

この二極化は、家族が子どもを守る力そのものを失っていることが背景にある。「性行動が活発化していくグループ」の多くが、家庭に居場所がない若年者である可能性がある。性によって生き延びようとしているのだ。家族の貧困問題が隠れている可能性も高い。それが子どもの孤立や夜間徘徊の課題にもつながっている。

前項で触れた大阪の事件の母親の離婚の背景には性行動の活発化がある。性は、家庭を作るための大きな要素だ。その性にまつわる社会通念や価値観は、10年間で変化し続けてきた。道徳を訴えても、近代家族中心の社会に後戻りすることはない。

④安定した就労の困難

大阪の事件の母親は、安定した就労により子どもを育てることは考えなかった。彼女も含め、中学時代の非行仲間たちは、十分な学習をしていない。周囲の大人から放置されて育った子どもたちは、一般的に、学力が低く、計算ができない。少し難しい文字の読み書きができない場合もある。職業訓練もできていない。こうした人たちが、安定した就労を得ることはしばしば困難となる。

総務省「労働力調査」によれば、2000年には26・0パーセントだった非正規雇用労働者の比率は、2003年に3割を超え、2010年には34・4パーセントになった。この比率はその後も上がり続け、2016年現在で37・5パーセント（2019年 38・3パーセント）に達している。とくに15歳から24歳の非正規雇用は48・1パーセント（2019年 50・9パーセント）にも上る。また、非正規労働者の約7割が女性だ。

正規と非正規では、同じ仕事をしていても、給与格差が大きい。こうした雇用のあり方は、女性の貧困と結びつき、さらに子どもの貧困につながっていく。

厚労省「国民生活基礎調査」によると、ひとり親世帯の相対的貧困率は2012年で54・6パーセントに達している（2015年 50・8パーセント）。またOECDによる国際比較では（2012年）、日本における非就労のひとり親世帯の相対的貧困率が50・4パーセントなのに、就労しているひとり親世帯では50・9パーセントと上昇している。ひとり親世帯の85パーセントが母子世帯だ。それに第4章で触れたとおり、母子世帯の就業率が80・6パーセントであることを考え合わせると、シングルマザーの場合、働くことが貧困から抜け出すことに結び付かないといえる。

2010年3月の内閣府男女共同参画局の調査「生活困難を抱える男女に関する検討会報告書――就業構造基本調査・国民生活基礎調査　特別集計」によれば、20代のシングルマザーの貧困率は8割近い。30代では7割だ。

⑤性でお金を稼ぐこと、性産業に対して、一般女性が参入することの敷居が下がった

大阪の事件の母親が名古屋で一時勤務していたキャバクラの店長に取材をしたが、彼は風俗店の店長もしていた。その男性によれば、2000年代前半は、女性に子どもがいても子連れで面接に現れることはあまりなかった。それが2008年のリーマンショック以後、19歳から20歳くらいの女性たちが、子ども連れで来る例が増えたという。他の取材でも彼の発言を裏付ける証言が集まった。

風俗営業関連の業界紙の記者は、子連れで性産業で働く女性が一般的になったのは、2000年代後半からだという。この業界紙記者は「派遣業などで労働力として自分を売ることに慣れたので、風俗の仕事で自分を売ることに、抵抗がなくなっているように思える」と語った。

地方で若い女性たちを支援している女性も2000年代半ばから、性産業と他の仕事の間を気軽に行き来する若い人たちが目立ってきたと語った。

2000年代に入ってからのこうした性の市場化は、若い女性の性意識の変化をもたらし、労働力の市場化とセットで進んでいく。それは、家族の解体とまっすぐに結ばれている。人は個人化し、商品化し、他者から値ぶみされる。

実際、保険の外交員をしている20代のあるシングルマザーは、車検のお金が足りなくてすこしだけ風俗で働いたと話した。精神的な病を抱えている別のシングルマザーは、恋人がいる間は、デパートの地下の食品売り場で総菜を売るが、相手がいなくなると風俗店で働くと話していた。

以前私が、子どもを育てながら風俗店で働く4人の女性にインタビューをしたところ、全員が働く理由に子どもの教育費を挙げた。「自分と同じ思いはさせたくないから」という。大阪事件の母親も、風俗店に勤務する時の面接で、学資保険のためだと話している。

彼女たちは、子どもたちの教育費を公的な支援に頼るという発想は持たない。あくまでも子どもたちの教育費は自分で賄わなければならないと信じている。

彼女たちはなぜ、子どもの教育はすべて親の責任だと考えるのだろうか。社会制度を利用して身を守るよりも、性を使って生き延びようとするのか。その背景には、他者に性的存在として選ばれることに価値があると考える感受性がある。自分の市場価値で解決しようとするのだ。

社会と関わって、現実を変えようとは思わない。現実が変わるとは思っていない。ただ、実直に社会のルールに適応しなければいけないと思っている。市場化の進行は、「自助努力」を自明のこととして、困難層にすり込んでいく。

⑥メディアの進化

武豊の事件の両親は、10代でポケットベルを通して出会った。この夫婦は、ほとんど日常のコミュニケーションがなくなった後でも、携帯メールではやり取りを続けていた。

大阪の事件の母親は、子どもが亡くなる直前まで、SNSで自分がどんなにかわいくて、恋人と楽しい毎日を過ごしているかを表現している。そこに仲間たちがコメントを付けていた。コミュニティの中のアイデンティティをネットが支える現状がある。ネットの進化は人をリアルから遠ざける。

社会は子どもの上に起きていた悲惨と、その母親がSNSの上に描き出す夢との距離の遠さを理解できず、激しくバッシングをした。だが、そこに虐待を受けて育ったことに起因する解離的な病理があることを読み取る必要がある。彼女の病理性はネットのコミュニティでは見えにくい。高度に発達したSNSは、リアルな社会から逃げ出すためにも有効なものだ。

この母親は法廷で「子どもが嫌だったのではない、子どもの周りに誰もいないことを見るのが嫌だった」と言っている。彼女は、我が子と自分自身とを重ねていた。孤独な子どもを直視することは、幼い時に放置されていた自分を直視することだった。それは当時の孤立し、誰からも支援を受けていない彼女には不可能だった。

⑦虐待に関する研究の進歩

幼い時に虐待などで、命に関わるような暴力や孤独を体験した子どもは、人格を分裂させ、その被害を受けているのは自分自身ではなく、別の人格だと思い、困難をやり過ごす。それは「解離」と呼ばれるが、困難を逃れる癖のようなもの、つまり精神的な防衛機制だ。大人になっても同じような方法で困難に対処していると、病理は深まり、現実に対応できなくなる。

武豊の事件を取材した当時、こうした病理性は、まだ社会にあまり知られていなかった。大阪の事件の裁判で、弁護人側の証言に立った西澤哲氏（第1章）は、この母親は解離的な傾向を強く持っており、殺意はなかったと証言した。一方、検察側の証人に立った精神科医は、子どもを置き去りにした日、母親には責任能力はあったと証言した。なお、この医師は虐待の専門家ではない。事件は裁判員裁判として争われたが、判決後、裁判員の一人は「常識以上の判断はできなかった」と述べている。

常識的に見れば残虐な事件も、虐待の仕組みを理解することで、理論的に読み解ける。医療機器の発達により、脳の状態を外から把握することが可能になった。虐待を受けた子どもたちは、記憶を司る海馬が小さくなったり、右脳と左脳をつなぐ脳梁が薄くなったりすることがわかってきた。特定の年齢に虐待を受けると、その年齢に活発化するはずのニューロンの発達が阻害される。偏りのある育ちになる。そうした器質的な脳の損傷は、実際の行動に影響を与える。虐待を受けた子どもたちが、発達障害によく似た性質を身につけることは、広く知られるようになった。

虐待的な環境を離れると、急に成長する子どもや、知的能力を取り戻す子どもたちの存在も知られている。治療を受けなければ、幼い頃に受けた暴力は生涯にわたって重篤な影響を与えることがわかってきている。90年代当時には一般的ではなかった視点だ。

また、花園大学社会福祉学部児童福祉学科・和田一郎准教授は、児童虐待による社会的なコストが、2012年度で日本国内では少なくとも年額約1兆6千億円にのぼると試算している。

あるシングルマザー

20代半ばと思われるその女性は、大阪市内にある築100年を超えるという長屋風の日本家屋の1階で、折り鶴を折っていた。珪藻土で壁が塗り直されたり、縁側が足されたり、あちこちに手が入り、おしゃれな空間だ。以前住んでいた芸術家夫婦が改装したという。

女性は、白いカーディガンに、スリムなジーンズをおしゃれに着こなした美しい人だ。女性の傍にはワンピースを着た4歳になる娘が鉛筆を握りしめ、画用紙に勢いのある線を走らせている。この家の女主人のMさんが「上手ね」と話しかけると、幼女は嬉しそうにうなずいた。Mさんは40代。ショートカットにカジュアルなパンツ姿でボーイッシュな印象だ。

横に座った、「大阪子どもの貧困アクショングループ（CPAO）」代表の徳丸ゆき子さんも「犬かな」と話しかける。花柄のTシャツにワンピースを重ね着して、ロングヘアの耳元にはピアスが揺れている。

「犬だよ」と幼女は答える。

その様子を見ていた母親にもようやく笑顔が見えた。

2014年7月、私は当時のCPAOの活動を取材した。

母親のかほさん（仮名）はその3カ月前に子育てが苦しいとCPAOに連絡をしてきた。だが特に相談ということもなく、女性たちは座り込み、おしゃべりを重ねる。

ここは、普段はMさんの市民活動の拠点だ。無農薬野菜を近隣の農家から仕入れて、知り合いに送ったり玄関先で売ったり、生産者と消費者を結びつける活動をしている。偶然知り合った、徳丸さんからシングルマザー母子と一緒に過ごせる場所が必要だと聞いて、無料で提供している。

親子は1週間に1回、ここに顔を出し、CPAOの支援者と過ごす。今日は来てから2時間ほど。はじめは2人とも表情が乏しく、特に母親のかほさんは顔色が悪く、緊張していた。だが、今では少しくつろいでいる。Mさんが娘のRちゃんに「そうめんを食べる？」と尋ねると、Rちゃんが頷いた。「じゃ、買い物に行こう」と誘うと、Rちゃんは明るい表情で立ち上がり、Mさんと出かけていく。

「少し横になったら」と徳丸さんは、かほさんに声をかけ、座布団を幾つか並べる。かほさんは横になった。とても疲れている様子が見て取れた。

2つの虐待死事件に押し出されて

CPAOは、2013年5月25日に大阪市内で徳丸ゆき子さんと子ども支援の関係者により、立ち上げられた。

その前日、大阪市北区で28歳の母親が3歳の息子を抱えて餓死したという報道が流れた。女性は夫のDVから逃げ出し、身を隠していたという。電気、ガスが止められた室内には「最後にもっとたくさん食べさせてあげられなくてごめんね」というメモがあった。徳丸さんの頭の中には、その前に起こった「大阪2児置き去り死事件」のことがあった。

「先進国と言われる国の都会の真ん中で、何が起きているのかと、怒りが湧いて仕方がなかった」と徳丸さんは言う。二つの事件に押し出されるように活動を始めた。

ホームページよれば活動内容は4つに分けられる（2014年当時）。

1：しらべる〈調査、レポート作成〉
・100人の困難を抱えるシングルマザーへの聞き取り調査
2：みつける〈アウトリーチ〉

・月に1回の天神橋筋商店街の夜回り
・その他、調査、メディア、広告
3：つなげる〈相談事業〉
・SkypeやLINEを活用しての相談事業
・行政や民間の窓口につなげる
・行政や民間の窓口への同行
4：ほぐす〈直接支援〉
・母子の居場所：季節ごとのイベント、キャンプ、畑などの自然体験、学習支援
・CPAO子ども食堂：月に1、2度、子どもが地域で無料でみんなと食事をとれる場所の開設

この日、徳丸さんがかほさんと過ごしていたのは、「ほぐす」にあたる。

「母子の支援で行政が一番足りていないのはアウトリーチで、そこをやろうと思っていました。でも、実際にアウトリーチをしてみると、一人ひとり、問題も心のあり方も複雑で、簡単には行政につながらない。小さい時からSOSを出しても、冷酷な対応しかされてこ

なかった。人間不信、社会不信が強い。そこをほぐしていく活動が必要でした」

1対1でお茶を何回かしているうちに、実は借金がいっぱいあると言い出す母親がいる。夏のキャンプで朝方まで焚き火を囲んで話すうちに、生活保護を受けようと思うと言い出す母親もいた。

CPAOが関わる母子のリストは100組以上。緩やかな関わりから緊急介入を必要とするものまで、状況はさまざまだ。

母子がCPAOにつながるルートで最も多いのが、徳丸さんのテレビ出演だった。徳丸さんは立ち上げ直後から、テレビに出演、新聞・雑誌から取材を受けたり寄稿をしたり、講演活動など、注目されてきた。

かほさんも仕事を失った直後、徳丸さんの出演番組を見て連絡をしてきた。ある行政の非常勤職員として2年契約で働いていたが、1年目が終わる直前に契約を切られた。雇用終了までに1カ月を切っており、次の仕事は見つからなかった。

徳丸さんはすぐに面接をして、CPAOがシングルマザー100人を対象に行っている調査への協力を要請した。協力という形だと面接が上下関係にならない。聞き取ったかほさんの半生は壮絶だった。

繰り返される暴力

かほさんは、5歳の時に母親を亡くした。父親は心身に疾患を抱えており、かほさんを満足に養育できなかった。ネグレクト状態が続いたため、父の兄弟に預けられた。だが、そこで激しい暴力を体験する。親戚を転々として、最後は父親の元に戻された。

父は幼いかほさんが言うことをきかないと、ものを投げつけるそぶりで脅かした。親族に父の行為を訴えると、「そんな度胸はないから大丈夫だ」となだめられた。学校の先生などよその大人に告げる勇気はなかった。

中学時代に不登校になった。経済的に困ると「売春」でお金を調達した。15歳で父親の起こした問題が元で住居がなくなり、再度父の兄弟の元に戻る。18歳の時にネットでRちゃんの父親と知り合う。20歳で妊娠、出産を機に一緒に暮らした。

当初、Rちゃんの父親は、バツイチで正社員だと言っていたが、やがて妻帯者であることが判明した。

仕事はしていなかった。ギャンブル依存があり、激しい罵倒と暴力の末、お金を奪われる。行政に相談に行ったが、シェルターには入れてもらえなかった。

その間、かほさんは、風俗で仕事をした。

その後、Rちゃんの父親と別れ、いったん実父の元に戻る。だが、Rちゃんの目の前で実父から包丁で切りつけられた。この時、かほさんは激しい殺意に襲われる。実父を殺そうと争っている時に、Rちゃんが泣いて我に返った。警察に、父親に刺されたことを訴えたが、帰る場所がないからと、父親宅に戻された。その後も、Rちゃんの目の前で、繰り返し暴力を受けている。

かほさんには解離の症状がある。突然幼女のような口ぶりになり、数時間続くことがある。そんな時、5歳のRちゃんは、急に立ちあがり、隣の部屋に行ってしまう。

この解離的な症状は、幼い頃から命の危機に関わるような暴力体験や見捨てられ体験を繰り返し受けてきたためだと思われた。

激しい不安症状も抱えていた。いったん不安になると、ものを壊したり自分の手に噛み付いたりする衝動を抑えられない。死ななければならないという思いがこみ上げてくる。「死ぬ時はRも一緒」と徳丸さんに告げている。

さらに近くのドラッグストアで多種の薬を買い込み、Rちゃんの目の前で全部飲む。そして徳丸さんに「薬を飲んだ」と電話をしてくる。徳丸さんはCPAOの仲間に声を掛け、車でかほさん宅まで駆けつけた。

行政への不信

当初は母子生活支援施設につなげようとしたが、居続けることはできなかった。1度目のオーバードーズ（薬物の過剰摂取）の後には、Rちゃんは児童相談所の一時保護を受けた。この間、かほさんは生活保護の受給を始め、3カ月後、Rちゃんと再度、暮らし始めた。

かほさんには深い行政への不信がある。以前、ハローワークに行った時には、「なぜ、子どもをおろそうとしなかったのかとまで聞かれた」と徳丸さんに訴えた。

本当にハローワークで、そう言われたのかどうかはわからない。多様な困難の中で育った人たちは、他人や社会全般を信じる力がとても弱い。行政の窓口の人たちの言葉が実際以上に冷たく感じられたり、非難されたように思えることも稀ではない。

不信感を抱える人たちが、社会につながることはこの上もなく困難だ。だからこそ、ほぐしが必要になる。

かほさんの場合、行政につながれば安心できるわけではない。

「生活保護を受け、お金が定期的に入ってくるようになると、お金があると落ち着かないと言い出して、映画の『アナと雪の女王』を親子で1週間に6回も見に行く。ずっと経済的な危機を生きてきて、お金があることに慣れないのです。次の支給日まで1週間でお財布には100円しかないと言いました。その方が気持ちが落ち着くというのです」

こうした時は米や野菜を渡す。食料などは活動の支援者たちから寄せられている。

特に、お寺おやつクラブは強力な味方だ。徳丸さんは偶然知り合ったお寺の住職に、お供えのおすそ分けを母子にしてもらえないかと提案した。そのお寺は、送料を自分で出して近隣の母子家庭に送るようになった。その活動は、全国の約100のお寺に広がっている。1つのお寺が母子家庭2、3軒に定期的にお供えのお下がりを送付する。自分で取りに行く家庭もある。お寺と母子家庭のつながりが深まり、見守りにつながる。支援者から直接物資を送ってもらうので、倉庫は必要ではない。

この取材の後の2015年2月21日、CPAOが100人の困難を抱えるシングルマザーにインタビューをした報告書が発表された。それを読み、改めて驚くのは、暴力と貧困の親和だ。どの証言も暴力で埋めつくされている。

本来、「暴力被害」と「お金がないこと=貧困」は、別のことだ。お金がないことに関して、実は、社会的な支援はそれなりに準備されている。主体的にさまざまな社会的資源を組み合わせ、子どもとの生活を守り、危機的な時期を乗り越えることは不可能ではない。だが、困難を抱えたシングルマザーは主体性を奪われている。その理由の一部は暴力を受けたことによるのではないか。

支援が生まれた場所

CPAOの活動には、発想の多様さ、支援者の確実な広がり、対象者とのつながりの安定感を感じる。徳丸さんが支援現場を歩いてきた18年間の経験の蓄積は大きい。だが、それだけでなく、20歳前後にイギリスで過ごした体験があるという。

小学時代から好奇心が強く、自己主張もはっきりしていた徳丸さんは、小学校中学年以降、学校に馴染めなかった。国内の大学には進学せず、89年、叔母が暮らしていたロンドンに行った。語学学校に通い、大学で心理学を学んだ。当時のイギリスでは若者の社会的包摂問題が浮上していた。

フラットをシェアして住んだのは、テムズ川の南側の、カリビアンなどのカラードが住む地域で、周囲にストリートチルドレンの支援者や詩人、活動家などがいた。

「自分は日本で変わり者と言われていたのに、イギリスではユニークで素晴らしいと言われる。自分がそれほど変ではないことや、変でもいいということを知りました」

仲間たちは親身だった。彼氏と別れて落ち込んでいると、ずっとそばにいてくれる人がいたり、食事に誘ってくれる人がいたり。体験したことのない濃密な関係に慰められた。

「イギリスの弱者は寄り添わなければ生きられないのだと思います。母子と一緒に過ごす時、当時のイギリスの若者たちの支え合いが参考になります」

だが、一方でこうも言う。

「日本ではどんなに親しくても8割くらいしか心を開かない。イギリスとは違います。ただ、日本の関係が悪いわけではない。相手を尊重する美徳なんだと思います」

徳丸さんはかほさんとつかず離れずの関係を続けている。ぐっと入り込まないから、むしろ必要なときにSOSがくる。

現在は、月に2度、突撃で家を訪ねる。かほさんの元に、男性が転がり込んでいた。Rちゃんから、男の人のお酒の瓶で部屋がいっぱいになったと聞かされる。アルコール依存症を抱えた男性のようだ。

Rちゃんの様子はその都度、地域の児童相談所に伝えている。だが、地域の児童相談所がこの親子についてどのように動いているのかはわからない。守秘義務のためだ。

徳丸さんは支援をしている対象者が「死ぬこともあるかもしれない」と言った。一見冷たく聞こえるが、その人の命はその人のものという尊敬のように私には響いた。

「人を救えると思うわけではない。支援の仕方が素人っぽいとも言われます。ただ、うまくいかなければ、それでも仕方がないと思います。少しでも生きて、一瞬でも楽しい時間を持ってもらえたらと思うんです」

そう徳丸さんは言った。

*

2017年11月現在、CPAOは少しずつ活動を変え、大阪市生野区内での居場所活動のほか、和歌山県橋本市内の支部において、多様な人や自然の中で子どもたちの暮らしを丸ごと支える活動を始めている。

徳丸さんは言う。

「かほさんは象徴的なケースですが、出会ってきたお母さんたちが大なり小なり抱えている困難です。親子、家庭、さらには社会が抱える構造的な問題で、ひとごととして切り離していいわけではありません。親だけ、母親だけに、養育責任が強くのしかかっている現状が、貧困や虐待の後押しをしているように思えてなりません。親を親にする社会、子供の育ちを皆がともにサポートする社会になることを望み、これからも活動を展開していきたいと考えています」

付録

誤解される「子どもの精神障害」

――児童精神科医・滝川一廣さんとの対話

子どもの成長に関わる認識で、21世紀に入った頃から一般化したものに、「発達障害」があるのではないだろうか。他者との関係性やコミュニケーションについての障害と言われるものだ。

2000年の武豊町の事件当時、発達障害はまだ社会的に知られていなかった。弁護側の証人として法廷に立った臨床心理の専門家は、実父の心理鑑定の結果、虐待を受けて育ったためにアスペルガーのような病理性を持ったと証言した。私は当時、このアスペルガーについて医師や臨床心理の専門家らに繰り返し尋ねたが、統一的で明確な像が結びにくかった。その後、「アスペルガー症候群」という言葉はあまり使われなくなり、「広範性発達障害」という言葉が一般化した。

「発達障害」という考え方や視点は、社会的に十分に理解できているとは言い難いが、今や教育や保育、育児支援の現場で、子どもの成長を考えるときに不可欠だ。

児童精神科医の滝川一廣さんが2017年に出版した『子どものための精神医学』(医学書院)は、この「発達障害」について明確に説明し、適切な対応を可能にするとして、養護教員や学童保育指導員など子どもたちと関わる人たちに、よく手に取られている。

この本で滝川さんは、40年を超える臨床経験と、この間の児童精神医学の進歩を踏まえて、平易な言葉で、子どもの発達とは何かを「根本から説き起こす」ことを目的にしたという。

診断とはそもそも何か？

――本書は精神医学の歴史から始まります。身体の医学は太古の昔に始まったが、精神医学は近代の合理的な人間観の確立後に生まれたと。身体の医学は自然科学であって、個人の身体の中で完結する。しかし、精神医学は自然科学に収まらず、共同性・関係性の視野の中でとらえると。つまり、文化的なものですね。

でも、たとえば子どもが「発達障害」だと診断されたとき、多くの親は身体のお医者様の診断と、児童精神科のお医者様の診断は違うものだとは考えないのではないでしょうか。

診断とは何かということです。医師が風邪と診断するのは、自然科学です。疾患が起きている体の場所、起きる仕組み、病気の原因が共通しているとき、同じ種類の病気だと診断できる。

しかし精神障害は、外から見たその子の行動の特徴を分類し、引き出しに入れることに

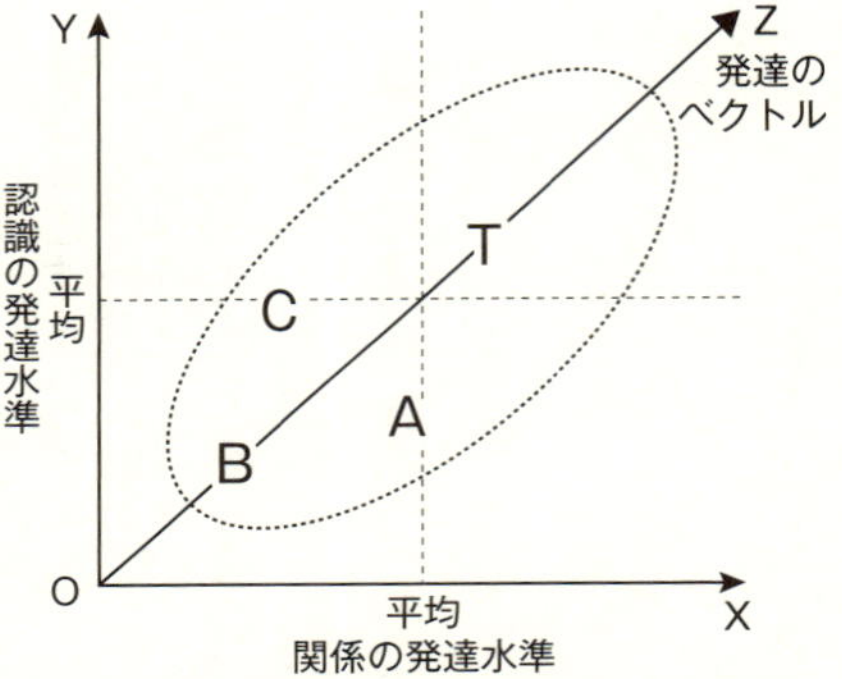

あえて「診断名」を当てはめれば次のようになる。

A領域→知的障害　B領域→自閉症
C領域→アスペルガー症候群　T領域→定型発達

すぎません。自閉症の引き出しに入る、あるいは知的障害の引き出しに入ると。精神障害の診断は医学的診断ではありません。社会的判断です。

――診断がくだれば、皆、同じ治療で治るわけではないということですね。本の冒頭には、「認識の発達」水準を縦軸に、「関係の発達」水準を横軸に取った座標が置かれています（図）。

A領域：知的障害、B領域：自閉症、C領域：アスペルガー症候群、T領域：定型発達と表示されています。しかし、線で明確に区分されているわけではありません。

人間の赤ちゃんが見知らぬ新しい世界を知っていくのが「認識の発達」。世界に働きかけ、働きかけられる関係性を育んでいくのが「関係の発達」。これがXとYの座標軸として置かれます。そして認識することと関係をもつことの両者が相互に支え合い、子どもは成長していくという、発達を示した図ですね。この図は滝川さんのオリジナルですか。

ええ、そうです。こうすることで、この子は認識に課題をもつ知的障害、この子は自閉症、と分けるのではなくて、定型発達も含めてひとつながりだということが見て取れます。

子どもには「ばらつき」がある

――つまり、子どもは本来多様で、一つの定形の中に収まるわけではないということですね。私たちはいつの間にか、子どもというのは、どの子も似たような存在で、成長は一直線上にあるようなイメージを持っています。でもこの図は、子どもにはばらつきがあることを思い出させてくれます。地図のようで、思わずわが子や自分がどこにいるのだろうかと探したくなります。

子どもは、生まれたときが最もばらつきがある。それが、成長の過程で、精神発達を遂げた大人たちや環境に働きかけ、働きかけられ、認知と関係性をそれぞれ発達させ、その社会と文化を生きることができる存在へと育っていきます。

――精神障害は、社会や文化の変化の中で発見されてきたのですね。

昔から「知恵遅れ」とか「白痴」という言葉があり、理解や判断力が落ちている人がいることはわかっていました。しかし、知的障害がクローズアップされたのは、19世紀に近代学校教育が始まってからです。

また、関係の発達の課題が発見されるのは1943年。アメリカの児童精神科医のカナーが自閉症を報告してからです。それまで関係性発達障害は問題になりませんでした。

――知的障害、自閉症スペクトラム、学習障害、ADHDなど、多様なものと考えてしまう。でも、本書では精神障害とは「人とのかかわりにおける、なんらかの直接的な困難な苦しみとして現れるとする」と規定しています。

昔は今ほど子どもに手をかけなくても育てられました。

昔のほうが大人として身に付けなければいけない力は単純でした。生産活動が何より重要で、生きることで精いっぱい。それに必死にならないと、飢饉が起きた。生産活動に直接関係しない対人能力や社会性は、一部の人以外、それほど重要ではありませんでした。

子どもたちについても、今ほど手をかけなくても育てることができた面がある。畑仕事に連れて行って、寝かせておいたり、遊ばせたり、手伝いをさせたり。大人の生活圏と子どもの生活圏も今ほど分かれていませんでした。

子どもたちはその中で14～15歳になれば大人としてやっていけた。性的に成熟すれば、そのまま大人になれた。

ところが戦後、中学が義務教育となり、子ども期が15歳まで延びました。さらに、1970年代になり9割以上のティーンが高校に行くようになり、子ども期はさらに18歳まで延びました。大人の生活圏と、子どもの生活圏は分けられました。

性的に成熟しても社会的には大人になれない。そこから、思春期問題が始まりました。日本で思春期研究の本が初めて書かれたのが、1972年です。私が児童精神科医として働き始めたのは1975年ですが、このころは思春期に関する論文が花盛りでした。私が最初に書いた論文は摂食障害についてです。

人の孤立が進んでいる

——産業の変化とともに、生活の場が人々の暮らしの共同体ではなくなった。人の孤立が進んでいます。

子育ては昔に比べ手厚くなっています。手薄な子育てより、手厚いにこしたことはありませんが、親が孤立して、狭い世界の中で子育てが行われている。親が何らかの形で、力を失えば、一気に手厚い子育ては不利になります。それが今、虐待と呼ばれるものではないでしょうか。

――実は自閉症と言われたり、知的障害と言われたりする、発達の遅れた子どもたちはそうではない子どもたちに比べ、不安や緊張の高い、孤独な世界を生きていると本書は指摘します。脳天気に自分勝手に、やりたいように生活しているわけではないという指摘にハッとします。人は共同性をどんなに求めるか。

私たちは意味や約束を通して、この世界をほかの人々と分かち合い、職場の世界、家族の世界、友達の世界、それぞれ意味が異なる何層もの世界を行き来している。ところが、認識の発達の遅れは、人々のもつ共同の世界への参入を難しくする。子どもたちの逸脱や問題行動のわけを探っていくと不安や緊張の問題に行き当たると。

社会の側からみているとわからないかもしれませんが、知的に低ければそれだけ孤独です。孤独では生きていけない。

診断名がつかないから様子を見ましょうというのではなく、発達分布図の、今どの辺りをその子どもが歩いているのかを知り、遅れているところを支え、伸ばすことに留意した子育てのかかわりをさっそく始めてほしい。1回限りの人生ですから。

虐待を防ぐには孤独に育つ子どもを減らすことが重要

――私は子どもを虐待死させた親たちの取材をしてきました。こうした親の子ども時代は本当に孤独です。人を信じる力も弱い。

そうでしょう。いかに孤独に育つ子どもを減らしていくかが、虐待を防いでいくことになると思います。人を信じる力を育てるには、実際に人とかかわらなければ。人とかかわって安心する、助かったという体験を重ねて、初めて人とかかわる力が出てくる。

もともと子育ては、大変な仕事です。親がうまく育てられなかったり、子どもがちょっと育ちにくいハンディを持っていたり。ゆとりを持って子育てをする生活基盤が脆弱だったり。子育てがうまくいかないのは、親だけの責任ではないということがみえにくい。

子育てが大変な赤ちゃんはいくらでもいます。なかなか泣きやまない赤ちゃんとか、ミルクを飲ませてもすぐ吐いてしまう赤ちゃんはいっぱいいる。

生活基盤にゆとりがあれば、子どもが夜泣きをしても根気強くかかわり続けることができます。トイレトレーニングもじっくりかかわれる。でも、いくつかの悪条件が重なると、どうしていいかわからなくて、赤ちゃんをたたいてしまったり、揺すぶってしまうということが起きます。人とかかわれない不幸を「虐待」と名付けてバッシングするだけではダメなんですね。

――「貧困・格差の一定以上の解消をはかる政治的、経済的な施策なくしては、いかなる『先進的』な（虐待）防止対策も焼け石に水かもしれない」と書いていますね。滝川さんは虐待防止法以前、1980年代には児童相談所に勤務する児童精神科医でした。

摘発型の虐待防止では、子育ての失調は防げない。当時、イライラして、赤ちゃんの指をかみ切ってしまったお母さんがいた。今だったら、すぐに虐待だと判断されて、子どもは取り上げられてしまう。でも、この時は親子関係の失調として、その間を取り持つ支援をしました。子どもを分離せずに育てることができました。

今は虐待という言葉が一般的になり、一方的に親が悪いというイメージが広がりました。親である以上、子どもをしっかり育てなければという圧力はとても強い。愛情と責任さえあれば、子どもは育つという一種の思い込みがあります。うまく育たないと、愛情か責任感に欠けた親だと言って責められる。

虐待という言葉はよくないです。虐待と名付けるとその家族を否定的に見る。あなたは悪いことをしているというまなざしの中で家族統合といってもうまくいかない。

1947年名古屋市生まれ。名古屋市立大学医学部卒業後、同大学精神医学教室（木村敏教授、中井久夫助教授）へ入局。大正大学人間科学部教授などを経て、現在、学習院大学教授（文学部臨床心理専攻）。著書に『家庭のなかの子ども 学校のなかの子ども』（岩波書店）、『「こころ」の本質とは何か』（筑摩書房）などがある。 ©Hideji Umetani

でも、子どもはそれぞれ違っていて、同じように育てれば同じように育つというわけではないのです。また、こういう人生が幸福だという模範解答はない。それぞれに与えられた条件があり、それぞれの子どもが持っている力があり、親の置かれている条件がある。

そのなかで、今、この子はこれ以上頑張るのは難しいとか、この子なら背中を押してあげれば立てそうだとかということがあります。何がいいかはそのときどきで変わる。その判断を全部親がしなければいけないというのも大変なことですね。

だからこそ、親一人の子育てには無理

があるということです。『子どものための精神医学』は、分類して、この子育てが正しいと白黒つけて安心するための本ではなく、白と黒の間を埋めていくための本です。

――どのような社会的な支援があるといいのでしょうか。

妊娠した時から全員に専門家がかかわり始めるサポートがあるといいと思う。抱っこが下手でもサポートがあれば、なんとかしのいでいける。大丈夫な親子から手放していけばいい。こじれてから支援をするよりも、費用対効果としてもずっといいのではないかと思います。

終章

家族はどこへ向かうのか

――虐待予防の現在、そして新しい家族の形のために

進む虐待対策

２０１６年６月、児童福祉法が改正された。

この改正により、児童虐待について発生予防から自立支援まで一連の対策のさらなる強化等を図るため、市町村及び児童相談所の体制の強化や、里親委託の推進等の措置を講ずるなどとされた。

具体的には「国及び地方公共団体は、児童の保護者とともに、児童を心身ともに健やかに育成する責任を負う」（第2条第3項）と規定され、また「国及び地方公共団体は、児童が「家庭」において心身ともに健やかに養育されるよう、児童の保護者を支援することとする」（第3条の2）とされている。

この改正でもっとも注目すべきは、旧法の下では福祉の対象として、保護者や、国・地方公共団体によって「心身ともに健やかに育ててもらう」受身の立場だった子どもが、「愛され、保護されること、その心身の健やかな成長及び発達並びにその自立が図られることその他の福祉を等しく保障される権利を有する」（改正法第1条）、いわば権利の主体となったことだ。

これにより今後、子どもたちは「その意見が尊重され、その最善の利益が優先して考慮され」ることになる（第2条第1項）。

また、第1条冒頭に「全て児童は、児童の権利に関する条約の精神にのっとり」とあるのも大きなことだ。ここで言う「条約」とは、1989年の第44回国連総会において採択され（発効は90年）、日本も94年に批准した「子どもの権利条約」と呼ばれる国際条約のことである。

日本独自の家族観と子ども観で考えるのではなく、世界共通の価値観で考えていくことがうたわれたことになる。

この改正を受けて、虐待関連の改革が各所で進みつつある。

まず法改正に先立つ16年4月に厚労省児童虐待防止対策推進本部が策定した「児童相談所強化プラン」では、児童福祉司、児童心理司、保健師らの専門職が2019年度までに日本全国で4310人から5430人に増員されることが目標に掲げられた（その後起きた虐待死事件により、2022年までに9550人に増員が目標となった）。

また、これまで児童相談所の設置ができなかった東京23区について、改正法施行後5年をめどに児相が設置できるよう政府が必要な措置を講じると明記されたことで、ほとんどの区が児童相談所を設置する準備を始めている。

さらに、改正法が市町村に対して、「児童の身近な場所における児童の福祉に関する支援等に係る業務を適切に行うこととする」と求めていることから、地域で子どもたちを支える「子ども家庭総合支援拠点」が置かれることが決まった。

適切な大人が関わることで状況は改善される

こうした流れの中で2017年の夏には、厚労省が設置した「新たな社会的養育の在り方に関する検討会」が、「新しい社会的養育ビジョン」（以下、「新ビジョン」）を提出した。これは「児童福祉法の理念を具体化する」ための、工程を示すという位置付けだ。

同検討会で座長代理を務めた松本伊智朗・北海道大学大学院教育学研究院教授に話を聞いた。松本教授は子どもの貧困や貧困の世代的再生、そして虐待などの問題を専門とする。

「このビジョンの一番の特徴は、在宅支援に力を入れるということです。これまで、虐待の通告があっても、そのうちの95パーセントは在宅のまま見守りと判断されました。多くはそのまま放置され、状態が悪化してから、ようやく親子分離をして児童福祉施設に措置されました。親子分離となって、ようやく措置費が付き、例えば心理的なケアなどを受けることができました。しかし、在宅では支援のための予算は付きにくかった。それを法律を整備して、児童相談所と市区町村でそれぞれ担当のソーシャルワーカーがつき、在宅支援を行うという仕組み作りです」

この「新ビジョン」では、「社会的養育」を次のように規定している。

「社会的養育の対象は全ての子どもであり、家庭で暮らす子どもから代替養育を受けている子ども、その胎児期から自立までが対象となる。そして、社会的養育は、子どもの権利、子どものニーズを優先に、家庭のニーズも考慮して行われなければならない」。つまりすべての子どもを対象とし、子どもの権利が守られる。その上で、社会的養護に関しては、代替養育措置に加え、在宅措置にも力点が置かれるのだ。

もともと保護者が養育支援を受ける時は、保護者の判断でサービス提供者と契約するため、開始と終了が保護者の判断や意向に委ねられている。しかし、貧困や虐待の危険が高い子どもの成長発達の保障のために、確実に保護者への養育支援、あるいは子どもへの直接的な支援を届けることが必要であると行政機関が判断することもある。こうした場合に、サービスの開始と終了に行政機関が関与し、子どもに確実に支援を届けるサービス形態を社会的養護と定義するという。

児童福祉法第25条では、児童虐待を受けたと思われる子どもを発見した場合、すべての国民に、市町村や児童相談所に通告する義務が定められている。これまで私も、何度かこの通告を行ったことがある。第三者に、今、丁寧に介入してもらえれば、状況が改善すると思った場合だ。だが現実には、状況は変わらなかった。

もっとも、困難を抱える子どもに適切に大人が関わったことで、大きく状況が改善されたという例も見てきた。

いってみれば私自身の家族もそうだ。私の息子は小学校2年生から中学2年生まで、学校に行きにくい時期を過ごした。この時、東京の社会福祉法人子どもの虐待防止センターの理事長だった、児童精神科医の故坂井聖二先生に主治医をしていただいた。坂井先生は息子と話したあと、私と夫、次に学校と話し合った。そして、息子を取り巻く大人である医療、学校、親が共通して、息子自身を「苦しんでいる存在」と認識するようにした。また、子どもには成長する力があることを気づかせてくれた。息子は今、彼らしく大学生活を送っている。

先生の支えがなければ、私たちは息子をもっと痛めていただろうと、今も夫と話し合う。

だから困窮し、孤立した家庭の中で、子どもたちが引きこもっている姿を見ると、胸が痛む。親たちは不登校についての新しい知識を得る機会がない。子どもたちは「あの親の子だから仕方がない」と言われ、善悪でジャッジされる。その家族に適切な支え手がいれば、子どもたちは未来を作ることができるのではないか。

見えてきた新しい社会的養護のあり方

さて「新ビジョン」が提案する社会的養護とはどのような仕組みなのだろうか。

その中心となるのが、先に触れた、全国の市区町村に設置される「子ども家庭総合支援拠点」だ。そこにソーシャルワーカーや心理士を配置し、彼らは里親やボランティア、医師などの地域のリソースと連携して、家事労働の派遣や心理カウンセリングなどを行う。親子の入所や子どもがショートステイできる施設を地域に置く。支援が必要な妊産婦が産前産後に宿泊してケアを受けることができるようにもする。こうした地域のメニューをどれだけ豊かにしていけるかは今後の大きな課題だ。こうした体制を、2018年からの5年間で作っていく方針だ。

都道府県の機関である児童相談所は、措置権をもち、市区町村と協働する。虐待を疑われる子どもが発見された場合、児童相談所側と市区町村側のソーシャルワーカーが話し合い、その家族への処遇を決定する。

「ソーシャルワーカーの力量が大切です。児相が決めたことを市区町村が請け負うのではなく、対等の立場で話し合える必要があります」（松本教授）

状況によっては子どもは一時保護所に移ることになる。

「一時保護所の改革もこの新ビジョンの大きなポイントです。これまで一時保護となった子どもの処遇は、地域差が大きかった。子どもの権利が守られているとはいえない場合もありました。例えば、不安がいっぱいの一時保護入所時に、その子が普段大事にしていたもの（ぬいぐるみなど）を持参できることは、とても大事なことです。仮にそれができないところがあるとすれば、それは人権侵害です。また、現在の制度では、一時保護所からは外の学校に通学ができません。長期間、時には1年を超えて一時保護で過ごす子どももいます。乳児を一時保護できる施設が県に1箇所しかない。地域から離れて長期間、保護所内で過ごすことになりますが、それは赤ちゃんにとっても、職員にとっても大変なことです」

「新ビジョン」では、閉鎖空間に緊急一時保護される期間を数日以内と定めている。その後は、一時保護里親で家庭的養育を受ける。あるいは、小規模の児童福祉施設でケアを受ける。それはできるかぎり出身地域が望ましい。

地域の里親に一時保護された場合、子どもたちはそれまで通っていた学校に通学できる。アセスメントの結果、親から離れての里親委託が決まったら、そのまま地域の養育里親で暮らす。その後、さらに家庭復帰（親子の再統合）が行われても、同じ学校に通学できる。この間ずっと地域の同じリソースを使うことができる。子どもは、継続して、地域の人たちに支えられて暮らすことができるのだ。

松本教授によれば、すべての小学校区や中学校区に里親があることが望ましいという。また親子分離をする場合、現在は子どもだけが引き離され、親はその後のケアを受けない。だが「新ビジョン」では、子どもと離れている間、親もカウンセリングを受けるなど支援や治療を受けることができる。

一方で里親については、一時保護里親、専従里親、障害のある子どものケアができる里親などの新しい里親類型を創設し、様々なタイプの子どもたちに家庭的な養育が可能になるように整えていくことが提案されている。

現在は、親子分離をした子どもの8割以上が児童福祉施設でケアを受けている。これについて「新ビジョン」では、3歳未満は5年以内、就学前は7年以内に里親委託率を75パーセントに、また学童期以降は10年以内に50パーセント以上にするという目標が示された。

すべての年齢段階で最善の利益を受けられるように

なぜ、里親委託が必要なのか。

子どもの成長には、アタッチメント（愛着）が必要だからだ。これは、心理学者のジョン・ボウルビィによる理論で、社会的、精神的に健康に育つためには、少なくとも一人の養育者との親密な関係を持たなくてはならないとするものだ。この理論によれば、その養育者との親密な関係性を土台に他者への信頼を育み、社会性が育っていくという。児童福祉施設入所の場合、職員が勤務時間に従って入れ替わるため、愛着が十分に形成されない恐れがある。家庭の密な人間関係を体験しておらず、家庭運営を知らないと、自立が難しくなる恐れもある。

もっとも松本教授は、里親委託率の数値目標が報道の中心となったために、「新ビジョン」の意義が正確に伝わらないと残念がる。

「学齢前の親子分離を必要とする子どもたちのうちの75パーセントを、児童福祉施設ではなく里親に委託すると、数値が話題になりました。そのほうが、報道しやすいのでしょうね。でも里親委託は、今回の提言で降って湧いたことではなく、施設の小規模化や、里親委託を増やす必要はずっと言われてきたことです。それを今回数値として示しただけです。この提言が示した構造を理解して報道したところはありませんでした」

実際、こうした報道後、全国児童養護施設協議会などが「新ビジョン」を完全には受け入れないと声を上げるなど、現場の施設関係者からは不満も出てきている。

児相により実親と子どもの親子関係再構築が不可能だと判断されたときには、安定した養育環境（パーマネンシー＝永続性）を確保するために、特別養子縁組が行われる。この場合は、子どもは戸籍上でも実の親との親族関係が切れる。

さらに「新ビジョン」では、これまで子どもたちを受け入れてきた乳児院や児童養護施設の位置付けも変わり、家庭環境では養育が困難となる問題をもつ、ケアニーズが高い子どもや、家庭への強い拒否感をもつなど、限られた子どもを養育する場に特化される。また、里親のリクルートや、訓練・支援を行うというような、エージェントとしての役割を担うことが期待されている。

「新ビジョン」は自立支援の援助まで視野に入れる。

「子どもが里親などの代替養育を離れるとき、代替養育者と本人、自治体の担当ケースワーカーの三者で話し合い、自立に向けての計画を立てる。そして、計画の遂行に関しても、自治体のケースワーカーは代替養育者とともに、必要に応じて支援をする。そうした仕組みによって自立後もアフターケアをするということを考えています」

施設で育った子どもたちの自立の課題は深刻だ。頼る場所がないまま、様々な課題に出合うことになる。思いがけない出来事により、自立できない場合もある。その時に相談できる場所はとても重要だ。

なおそうした制度は、司法の関与によって客観性、透明性が担保されることになる。親の意に反して行われた一時保護が2カ月以上になる場合、親権停止が行われる時、特別養子縁組が行われる時、その時々に家庭裁判所が関与する仕組みだ。

親の側は、行政の考えや動きを知ることができ、不満がある時には、申し立てができる。

松本教授はこう語る。

「司法関与が適切に行われるためには、司法側に児童虐待に関する適切な知識がなければなりません。行政側にも、司法にきちんと説明できる力が必要です。司法の理解と行政の力量の双方が問われます」

子どもたちと向き合ってきた人たちの知恵

「新ビジョン」を提出した「新たな社会的養育の在り方に関する検討会」の座長を務めた奥山眞紀子・国立成育医療研究センターこころの診療部長（2017年当時）は、実は私の息子の主治医だった坂井聖二先生をよく知る人だ。坂井先生のお別れの会では心のこもった弔辞を読んだ。そこで奥山氏は、現場で難しい虐待対応を求められる時、坂井先生から繰り返し助言をもらったと述べた。

坂井先生は自著『私の出会った子どもたち～小さな星たちの記録』（CCAPブックス）の中で、初めて児童虐待を受けた子どもの主治医になったのは、大学を卒業して2年目の1979年だったと書いている。坂井先生によれば「この当時、子どもの虐待についての情報はほとんどなく、診断や治療も手探りの状態」で、この時探し出した唯一のテキストがアメリカの『ボストン小児科治療マニュアル』だった。そこには「親を加害者にしない、刑事犯にしない」ための援助の必要が書かれていたという。

奥山氏による坂井先生への追悼文によれば、自身が児童虐待に関わるようになったのは大学卒業後間もなくで、その時看取った虐待を受けた幼女は、坂井先生が保護した子どもだったそうだ（「子どもの虐待とネグレクト　第11巻第1号」所収）。

奥山氏もまた、虐待現場の最前線で長年、虐待の現実と向き合ってきた。

そして松本教授は、大学時代に児童養護施設でボランティアをしたほか、これまで自立援助ホームの運営にも関わってきた。

この二人だけでなく「新ビジョン」に関わった、医師、弁護士、臨床心理の専門家、研究者、行政の立場や民間の立場の人たちは、長年、虐待を受けたり困難を抱えたりする中で生き延びた子どもたちと向き合い、活動してきた。子どもの死も体験している。「新ビジョン」には、彼らの知恵が詰まっている。

この練り上げられた提言が適切な力をもつには、それぞれの部署で働く職員の力量がポイントとなる。松本教授は言う。

「私は、このシステムが適切に働くには自治体の正規の職員として、専門職を置けるかどうかが重要だと思います。そこに予算をつけるかどうかは、厚労省のみならず、総務省の果たす役割が大きいです。国としては地方公務員の数を減らす流れなので、予算がつくかどうか心配です」

松本教授によれば「新ビジョン」により組み立てられた支援体制が十分に力を発揮できるよう整うのは、10年くらいのスパンで見る必要がある。

「新任の職員が、力を発揮できるようになるのにはそれくらいかかりますから」

「新ビジョン」についてどう思うか、児童相談所の児童福祉司として働く人々やファミリーホームの運営関係者など、現場で働く人たち複数に話を聞いた。

「この方向性には、誰も反対しない。ただ、日々の現場から見ると、とても遠い理想に見える」

そんな声が聞かれた。「眩しすぎる」と言った人もいた。

現在の里親制度は、子どもとの関係が不調に終わる例が少なくない。ある里親体験者は、預かった子どもが「本当にこの親は自分を受け入れるか」という試し行動を繰り返し、妻が鬱になったと話す。

「新ビジョン」を実現するためには、質の高い里親を確保し、訓練し、何よりもサポート体制を整える必要がある。

「新ビジョン」が十分理解されないまま、戸惑いが広がっている状況のようだ。現場の恐れを思うとき、執行する側は丁寧に説明し、十分にコミュニケーションを取り、現実の現場の中でサポート体制をしっかり構築し、せっかくのビジョンを実効性あるものにする必要がある。国民がそのことを理解し、子どもの育ちの現状と未来への関心を深めることも必要だ。

私たちの社会は、あと戻りはできない。すべての子どもたちが権利の主体として育つことこそが、未来をつくることだ。

後ろからついていく支援

家族と呼ばれるものの形が大きく変容している今、家族を指導し、正しく導くという発想では、困難な状況にいる親と子どもを支援することは難しい。

先日、地方に暮らす私の知人が支援している10代の母親が、2人目の子どもを出産した。児童養護施設で育ったこの母親は、第一子の出産前に子どもの父親と別れ、別の男性が恋人になった。それが、現在の子どもの父親だ。籍は入っていない。そして、彼の子どもとなる2人目の赤ちゃんを妊娠した。この男性は、近々、非正規就労で首都圏に移動する予定だ。オリンピックもあり、首都圏の方が仕事が見つけやすいからだ。

この母親は、1年間子どもを育てたら、男性の元に子どもを送るから、育てて欲しいと言っているという。彼女自身が、2人の子どもを抱えて独り立ちすることは難しい。子どもが1人であれば、まだ、容易かもしれない。シングルファザーとシングルマザーが対等であると考えるなら、彼女の言い分もわからなくはない。

知人は辛抱強く双方の話を聞き、お互いの気持ちを吐き出させる。「一緒にいてもしんどいか、別れてもしんどいか。どっちのしんどいがさみしくないか、考えようや」と笑いにまぶして話しかける。

知人は地元で20年以上、若い母親たちや困難を抱える青年たちの支援に携わってきた。子ども食堂が全国的に広がるよりも10年近く前に、若い母親たちを対象に子連れの料理教室を行って、一緒にお弁当を作った。参加者の中にはキャバクラで働く女性もいた。

そうしたことが、家族に恵まれずに育った若い人たちのニーズに合うといち早く感じ取ってきた。

知人は、先の母親が1人目を妊娠した時、生みたいという願いを聞き取って、個人で支援をしてきた。この若い母親が、高校を中退して養護施設を出ることになった時、実父がお金目当てに近寄ってきた。実父の行動に困っていた彼女に声をかけてきたのは、オレオレ詐欺の前科のある男だった。部屋を用意してくれるというので頼ろうとしたところ、性産業で働くように言われ、逃げ出した。

誰にも頼れないティーンを利用する人がいる。そのことに気づいた知人が支援した。知人はまず彼女が生活保護を受給できるよう手伝った。アパートを一緒に探して家具を整えてやり、自治体から特定妊婦（家庭内事情などにより育児が困難と予想される妊婦）としての支援を得られるようにした。

必要な時には、市の担当者とも連絡を取り合い、生活保護のケースワーカーや保健師とも連携した。病院での検診の日は必ず同行した。出産時には入院手続を手伝い、出産後は面会し、退院時も付き添った。

子育てが始まってからも、若い母親を励ましに部屋を訪ね、お弁当を差し入れたりゴミ捨てや掃除を手伝ったりした。17歳の母親は、知人のそんな支援を受けながら、赤ちゃんに授乳をし、オムツを替えられるようになった。離乳食を食べさせることや、彼女なりのペースで掃除をすることもできるようになった。母親も、子どもも育っていく。

子どもの定期健診や予防接種にも、知人は同行する。母親が美容室に行く間、子どもを預かる。恋人ができたときには、驚きつつも話を聞く。決して「ダメ」とは言わない。ただ、意見は伝える。

他人とのネットワークが切れている人に、既存の家族規範を押し付けても困難は増すばかりだ。利用しようと近付いてくる人もいる。本人の思いを聞き取り、願いを実現することで、成長を促していくことしかできない。

知人の周囲には、その判断や行動を信頼して、経済的に支える人の輪がある。

知人に「若いお母さんに寄り添っているのですね」と聞くと、「そうじゃないの。後ろからついていくの」と笑った。

新しい子育てを社会として作る

かつて家族には、財産と家業を次世代に送る役割があった。だが、財産や家業を持たない者にとって、家族とはカップルが出会って別れる一代限りのものだ。子どもが生まれ、育ち、巣立ち、それぞれが命を生き、家族は閉じる。ただし、支えをもたない家族は、一代さえもちこたえられない。

経済のグローバル化の中で、家族は流動化して、人は砂つぶのようだ。その砂つぶの周囲に子どもが生まれる。

虐待死をさせる親たちは、詳しく目を凝らせば、「極悪人」というよりも、社会の様々な支援から遠ざかった不遇な人たちだ。むしろ、古典的な家族の形しか知らず、新しい家族に関する価値観にアクセスできず、それでも家族にこだわり、閉じこもった人だ。そして、実は、誰もが子どもを育てたいと願っていた時期があるのだ。

そこにしっかり手を差し伸べていくこと。新しい子育ての形を社会として作っていくことが、いま一番必要なことではないか。

誰もがSOSを求めて声を上げていいのだということが常識になり、良質なリソースが社会に溢れるようにあれば、子どもたちも、親も元気を取り戻すのではないか。

家庭に介入する国家

一方で家族の流動化を押し止めるために、家族規範を強めるという方向性がある。自民党が成立を目指す「家庭教育支援法案」は、まさしく古典的な家族規範を実践することを家族に求めている。

この法案は、「教育基本法の精神にのっとり、家庭教育支援に関し、基本理念を定め、及び国、地方公共団体等の責務を明らかにするとともに、家庭教育支援に関する必要な事項を定めることにより、家庭教育支援に関する施策を総合的に推進することを目的とする」（第1条）ものだ。

戦前・戦中と同じく国家が家庭に介入するものだとして批判の声は大きいが、自民党は早期の国会提出を目論んでいる。

この法案の土台には、2006年に改正された教育基本法がある。同法では「父母その他の保護者」は、「子の教育について第一義的責任」を持つと規定されている。「生活のために必要な習慣を身に付けさせ」「自立心を育成し」「心身の調和のとれた発達を図るよう努める」ことが親の役割だとする。そして、国と地方公共団体は「家庭教育の自主性を尊重しつつ、保護者に対する学習の機会及び情報の提供その他の家庭教育を支援するために必要な施策を講ずるよう努めなければならない」とした。

家族がそうした子育てをしなければ法律違反ということになる。だが、「良い家族」「正しい家族」を求め、評価したところで、「良い家族」「正しい家族」は生まれるだろうか。最近、勉強会などに呼ばれて話す機会が増えたからか、若い母親たちから立て続けにメールやハガキをもらった。細かい事情はそれぞれだが、共通しているのは、自分が行政から一方的に不適切な親であると判断されることへの恐れと怒りだった。家族の中に公的な力が入ってくることに不安がある。

厚労省が児童福祉法を改正して家族支援を深めようとしていることと、文部科学省が教育基本法改正を背景に家族規範を強めていくことが、区別されないまま、不安感として広がっているのかもしれない。

それもわからないではない。厚労省が提供する支援の仕組みは、逆に、子育てができない親への厳罰化につながるという恐れはないだろうか。

松本教授は次のように言う。

「私たち「新たな社会的養育の在り方に関する検討会」の構成員は、子育てがうまくいかない親を厳しく罰するという方向で考えたことはありません。厚労省の担当官もそのはずです。ただ、検討会や厚労省がどう考えていようが、意図せざる方向にいくことはあります。家庭の中に行政が入ることによってもたらされる危険性については、十分に認識され、配慮されなければなりません」

そのためにも、この改革の流れが、地域での家族支援の意図をもって作られており、介入ではないのだと社会に向けて繰り返し告知され、理解され、実際にそのように進められることが重要だ。

穏やかな表情

2017年秋、刑務所の面会室で半年ぶりに厚木事件の父親、高橋健一に会った。痩せて一回り小さくなっている。懲役刑で、体を動かしているからと、健一は言った。

前歯が抜けていたので訊いたところ、高校時代にバイクの事故で痛めた歯の治療のためだという。それを気にして口をすぼめるように笑顔を見せた。

「元気ですか?」と尋ねると、「体調はあまり良くないです」と言う。それでも、拘置所にいた頃より、穏やかな表情をしているように見えた。

少し前に届いた健一からの手紙には「ここはご飯がおいしいです。特に麵類がおいしいです」と書かれていた。私は彼が「麵類がおいしい」と書いたことに、ホッとする思いだった。日常の感覚を言葉にできるようになったのだと思った。その話をすると、横で記録を取っていた刑務官が手を止めて、「そうなんですよ。ここの食事は関東の刑務所では一番美味しいんです」と解説してくれた。

無防備に自分の五感が捉えた味覚を語ることは、人を信用していなければできないことだ。子どもの姿を徹底的に隠しながら子育てをしていた健一のことを思うと、それはとても大切なことだと思う。当時の健一は、五感を閉ざし、記憶すらない。

健一に刑務所ではどんな仕事をしているのかと聞いてみたが、うまく説明できなかった。そんな様子を見かねて、刑務官は「工場での仕事なんです」と説明してくれた。そして、「よく働いてくれています」と褒めた。「懲役なので、働かないと」と健一がその発言を引き取る。

生真面目な人だと思う。そうだ。健一は会社でA評価を受けるほど真面目な、働き者なのだ。

彼は毎日寝る前には、亡くなった優紀君を思い出し、手を合わせると言った。

妻が出ていった後も周囲に家族として成り立っていると装い続け、ライフラインが止まった暗闇の中で優紀君と二人で過ごした。

その時期、誰にも自分を語らなかった。実家にも、会社にも、恋人にも。

「新ビジョン」が示す子育て支援の仕組みが当時、健一が暮らしていた地域にあったら、早朝迷子として児相につながった子どもとその家族は、地域の支援を受けつつ、日々の生活を送ることができただろうか。

＊

『ルポ　虐待　大阪二児置き去り死事件』（ちくま新書）を2013年に出版してから、全国各地で、児童虐待問題について、家族の問題について、話をするようにと呼んでいただく機会が増えた。

同時に大勢の、地域でコツコツと支援を続けている方々、専門的な知識を持ち、それを様々な形で活かそうとしている方々、行政のなかで現実と向き合っている方々と知り合う機会をいただいた。

この時代の中で、できることをしようとしている大勢の方たちに出会ったことは、大きな財産だ。絶望しなくても大丈夫という思いを得た。

同時にそれは、子どもが暴力を受けることについて、家族の中に暴力を抱えることについて、私がこれまで書いてきたこと、考えてきたこと、体験してきたことを総動員しながら、皆さんと考え続けることでもあった。

最初の著書『満州女塾』で聞き書きをした、日本の敗戦時の旧満州国で子ども連れで、あるいは妊娠しながら逃避行をした人たちの苦しさと、虐待死を起こしてしまうほど追い詰められた人々の苦しさが重なるのではないかという思いは、当初からもっていた。

そのことを思い切って話すと、「よくわかる」と聞いてくださる人たちがいた。

そうなのか。私が考え、感じていることは、人と分かち合うことができるのだと、繰り返し発見した。

『ルポ 虐待』の出版後間もなく、話したり、書いたりしたことをまとめましょうと、朝日新聞出版の編集部に言っていただいた。だが、自分自身の思考をそのまま言葉にして本にすることは、正直怖かった。

本音を語ることは、怖いことだ。

それは、子育ては辛いと言えなかった親たちの感じる怖さにも通じる。

日々の暮らしの中で、辛いことを辛いと言い、嫌なことを嫌と言い、美味しいものを美味しいと言い、誰かと分かち合えることが平和であり、幸せなのではないか。

そんな日常を生み出すために、戦っている人たちが日本のあちらこちらにいる。

なかなかまとめることができない私を辛抱強く待ち続け、今回、このようなパッケージを丁寧に用意してくださった、編集部の星野新一さんにお礼を申し上げます。

私と出会い、話を聞き、思いを伝えてくださり、語り合ってくださった大勢の皆さんにも、お一人お一人のお名前は上げませんが、心から感謝します。

2017年11月

杉山　春

初出

本書は下記の書籍、雑誌、インターネット媒体に発表された原稿を元にしました。掲載にあたっては、いずれも、大幅な加筆・修正を行っています。

第1章

「厚木5歳児衰弱死事件が示す「法医学の限界」 作られた「残酷な父」というストーリー」（東洋経済オンライン／2017年3月22日）

「5歳児を衰弱死させた父親の絶望的な「孤立」「助けを求めることを知らない」親たち」（東洋経済オンライン／2017年4月12日）

「5歳児衰弱死事件の親が抱えた4つのハンディ 「子どもの育て方を知っている」は当たり前か」（東洋経済オンライン／2017年4月14日）

「厚木・男児放置死事件 遺体の眠る部屋に払い続けた500万円」（「AERA」朝日新聞出版／2015年11月30日号）

第2章

「我が子を虐待する親の「悲しい真実」～「バカな親がバカなことを…」で済ませてはいけない！」（現代ビジネス／2016年1月19日）

「不倫、離婚、出産…それでも母であることはやめない。「社会規範」から降り、「所有」しない家族のカタチ」（現代ビジネス／2016年1月21日）

「〈家族〉の内／外を歩んで」（「現代思想」青土社／2016年7月号）

第3章

『満州女塾』（新潮社／1996年）

第4章

「川崎少年殺害から見えてくる日本「移民」社会の深層と政治的欠落」（nippon.com／2015年5月27日）

第5章

「誰が子育てしても構わないという考え方が広まれば虐待は減少する」（「Journalism」朝日新聞社／2014年12月号）

「なぜ、親たちとつながることができるのか ――「大阪子どもの貧困アクショングループ（CPAO）」見聞記」（「世界の児童と母性 Vol.78」資生堂社会福祉事業団／2015年4月）

付録

「子どもの「精神障害」はかなり誤解されている 児童精神科医・滝川一廣さんが語る「歴史」」（東洋経済オンライン／2017年7月3日）

杉山　春 すぎやま・はる
1958年、東京生まれ。早稲田大第一文学部卒業。雑誌記者を経て現在、フリーのルポライター。『ネグレクト　育児放棄――真奈ちゃんはなぜ死んだか』（小学館文庫）で第11回小学館ノンフィクション大賞を受賞。著書は他に『ルポ 虐待　大阪二児置き去り死事件』『家族幻想　「ひきこもり」から問う』（以上ちくま新書）、『満州女塾』（新潮社）、『自死は、向き合える』（岩波ブックレット）など。

朝日新書
643

児童虐待《じどうぎゃくたい》から考《かんが》える

社会は家族に何を強いてきたか

2017年12月30日第1刷発行
2020年6月30日第3刷発行

著者　杉山　春

発行者　三宮博信

カバーデザイン　アンスガー・フォルマー　田嶋佳子

印刷所　凸版印刷株式会社

発行所　朝日新聞出版
〒104-8011　東京都中央区築地5-3-2
電話　03-5541-8832（編集）
　　　03-5540-7793（販売）

Published in Japan by Asahi Shimbun Publications Inc.
ISBN 978-4-02-273743-4
定価はカバーに表示してあります。

落丁・乱丁の場合は弊社業務部（電話03-5540-7800）へご連絡ください。
送料弊社負担にてお取り替えいたします。